PANINI BOOKS

FIVE NIGHTS AT FREDDY'S von Scott Cawthon

Romane

Band 1: Die silbernen Augen
ISBN 978-3-8332-3519-1

Band 2: Durchgeknallt
ISBN 978-3-8332-3616-7

Band 3: Der vierte Schrank
ISBN 978-3-8332-3781-2

Band 4: Fazbear Frights 1 – In die Grube
ISBN 978-3-8332-3948-9

Band 5: Fazbear Frights 2 – Fass!
ISBN 978-3-8332-4020-1

Band 6: Fazbear Frights 3–1:35 AM
ISBN 978-3-8332-4021-8

Band 7: Fazbear Frights 4 – Noch ein Schritt
ISBN 978-3-8332-4087-4

Band 8: Fazbear Frights 5 – Wenn das Kaninchen zweimal klopft
ISBN 978-3-8332-4191-8

Band 9: Fazbear Frights 6 – Der Schwarze Vogel
ISBN 978-3-8332-4267-0

Band 10: Tales from the Pizzaplex 1 – Lallys Spiel
ISBN 978-3-8332-4403-2

Comics

Graphic Novel 1: Die silbernen Augen
ISBN 978-3-7416-2001-0

Graphic Novel 2: Durchgeknallt
ISBN 978-3-7416-3556-4

Graphic Novel 3: Der vierte Schrank
ISBN 978-3-7416-3805-3

Nähere Infos und weitere spannende Romane unter www.panini.de

IN DIE GRUBE

Roman

Von Scott Cawthon
und Elley Cooper

PANINI BOOKS

Bibliografische Information der Deutschen Nationalbibliothek
Die Deutsche Nationalbibliothek verzeichnet diese Publikation in der Deutschen Nationalbibliografie; detaillierte bibliografische Daten sind im Internet über http://dnb.d-nb.de abrufbar.

Amerikanische Originalausgabe: „Five Nights at Freddy's: Fazbear Frights #1 – Into the Pit" by Scott Cawthon and Elley Cooper published in the US by Scholastic Inc., New York, 2020.

Deutsche Ausgabe: Panini Verlags GmbH,
Schlossstr. 76, 70176 Stuttgart.

Geschäftsführer: Hermann Paul
Head of Editorial: Jo Löffler
Head of Marketing: Holger Wiest (email: marketing@panini.de)
Presse & PR: Steffen Volkmer

Übersetzung: Robert Mountainbeau
Lektorat: Tom Grimm
Umschlaggestaltung: tab indivisuell, Stuttgart
Satz und E-Book: Greiner & Reichel, Köln
Druck: CPI books GmbH, Ulm
Gedruckt in Deutschland

YDFIVE004

ISBN 978-3-8332-3948-9
5. Auflage, Oktober 2024

Auch als E-Book erhältlich:
ISBN 978-3-7367-9894-6

Findet uns im Netz:
www.paninicomics.de

PaniniComicsDE

INHALT

AB IN DIE GRUBE!

„Die tote Beutelratte liegt immer noch da.“ Durch das Beifahrerfenster musterte Oswald den pelzigen Kadaver am Straßenrand. Irgendwie sah er noch toter aus als gestern. Der Regen während der letzten Nacht hatte es auch nicht besser gemacht.

„Nichts sieht toter aus als eine tote Beutelratte“, meinte Oswalds Vater.

„Abgesehen von dieser Stadt“, murmelte Oswald, während sein Blick über die mit Brettern vernagelten Ladenfronten und die Schaufenster glitt, in denen lediglich Staub zu sehen war.

„Was ist das?“, fragte sein Vater. Er trug bereits diese dämliche rote Weste, in die man ihn steckte, wenn er an der Feinkosttheke im Imbiss-Center arbeitete. Oswald wünschte, er hätte sie erst angezogen, nachdem er ihn an der Schule abgesetzt hatte.

„Diese Stadt …“, sagte Oswald, diesmal lauter, „diese Stadt sieht noch toter aus als eine tote Beutelratte.“

Sein Vater lachte. „Das lässt sich kaum bestreiten.“

Vor drei Jahren, als Oswald sieben gewesen war, hätte

man hier noch etwas unternehmen können – es hatte ein Kino gegeben, ein Glückwunschkartengeschäft und eine Eisdiele mit unfassbar guten Waffelhörnchen.

Doch dann war die Fabrik geschlossen worden. Die Fabrik war mehr oder weniger die Existenzgrundlage der Stadt gewesen. Oswalds Vater hatte seinen Job verloren wie auch die Mütter und Väter Hunderter anderer Kinder. Viele Familien waren weggezogen, einschließlich die von Ben, Oswalds bestem Freund.

Oswalds Familie war geblieben, weil seine Mutter einen sicheren Arbeitsplatz im Krankenhaus hatte und sie nicht weit weg von Großmutter ziehen wollten. Also nahm Oswalds Vater am Ende einen Teilzeitjob im Imbiss-Center an, bei dem er fünf Dollar pro Stunde weniger verdiente, als er in der Fabrik bekommen hatte, und Oswald musste zusehen, wie die Stadt Tag für Tag immer ein bisschen mehr starb.

Ein Geschäft nach dem anderen schloss, weil niemand mehr das Geld hatte fürs Kino, um zu spielen oder für tolle Waffelhörnchen.

„Freust du dich, dass heute der letzte Schultag ist?“, erkundigte sich sein Vater. Es war eine dieser Fragen, die Erwachsene immer stellten, wie zum Beispiel: „Wie war dein Tag?“ und „Hast du dir die Zähne geputzt?“

Oswald zuckte die Achseln. „Ich denke schon. Aber ohne Ben ist einfach nichts los. Die Schule ist langweilig, aber zu Hause ist es auch langweilig.“

„Als ich zehn war, bin ich im Sommer nie zu Hause gewesen, bevor ich zum Abendbrot gerufen wurde“, meinte sein Vater. „Ich bin Fahrrad gefahren und habe Baseball gespielt und jede Menge Blödsinn gemacht.“

„Willst du damit sagen, ich sollte Blödsinn machen?“, erwiderte Oswald.

„Nein, ich sage, du sollst einfach Spaß haben.“ Sein Vater bog in die Kurzparkzone vor der Westbrook Grundschule ein.

Spaß haben. Bei seinem Vater klang das so einfach.

Oswald ging durch die Doppeltür der Schule und stieß dort sofort auf Dylan Cooper, den letzten Menschen, den er sehen wollte. Oswald war allerdings offenbar genau der Mensch, den Dylan sehen wollte, denn er grinste sofort breit. Dylan war der größte Schüler in der fünften Klasse, und er genoss es eindeutig, seine Opfer zu überragen.

„Wenn das nicht Oswald der Ozelot ist!“, meinte er, und sein Grinsen wurde tatsächlich noch breiter.

„Der Witz ist auch nie zu blöd, oder?“ Oswald grinste ebenfalls und ging an Dylan vorbei. Er war erleichtert, als sein Peiniger sich dazu entschied, ihm nicht zu folgen.

Als Oswald und seine Klassenkameraden aus der Fünften noch in die Vorschule gegangen waren, hatte es im Kinderkanal eine Zeichentrickreihe über einen großen pinkfarbenen Ozelot namens Oswald gegeben. Deswegen hatten Dylan und seine Freunde ihn seit dem ersten Tag im Kindergarten „Oswald der Ozelot“ genannt und nie damit aufgehört. Dylan war ein Junge, der sich sofort über alles lustig machte, was anders war. Wäre es nicht Oswalds Name gewesen, dann seine Sommersprossen oder seine Stirnlocke.

Dieses Jahr waren die Beschimpfungen noch schlimmer geworden, als sie in Geschichte lernten, dass der Mann, der John F. Kennedy erschossen hatte, Lee Harvey Oswald hieß. Aber Oswald wollte lieber ein Ozelot sein als ein Attentäter.

Da es der letzte Schultag war, versuchte niemand, noch ernsthaft zu lernen. Mrs Meecham hatte am Vortag verkündet, dass die Schüler ihre Handys, Tablets, Laptops und Spielkonsolen mit in die Schule bringen durften, solange sie die Verantwortung dafür übernahmen, wenn etwas kaputt oder verloren ging. Schon aus dieser Ankündigung war zu ersehen, dass keinerlei Unterricht mehr stattfinden würde.

Oswald besaß keine modernen elektronischen Geräte. Sicher, es gab zu Hause einen Laptop, aber den teilte sich die ganze Familie, und er durfte ihn nicht mit zur Schule nehmen. Er selbst besaß ein Handy, aber es war ein ziemlich armseliges, völlig veraltetes Modell, und er wollte es niemandem zeigen, denn er wusste, jeder Schulkamerad, der es sah, würde sich darüber lustig machen. Während also die anderen auf ihren Tablets oder mit ihren Konsolen spielten, saß Oswald einfach nur da.

Als er das nicht mehr ertrug, nahm er sich einen Notizblock und einen Bleistift und begann zu zeichnen. Er war nicht sonderlich begabt, doch er zeichnete gut genug, dass man seine Bilder erkennen konnte, und ihr Comic-Stil gefiel ihm. Das Beste am Zeichnen aber war, dass er sich vollkommen darin verlieren konnte. Es fühlte sich an, als würde er in das Papier versinken und zu einem Teil der

Szene werden, die er zeichnete. Es war eine sehr willkommene Flucht.

Er wusste nicht warum, aber in letzter Zeit hatte er angefangen, mechanische Tiere zu zeichnen – Bären, Kaninchen und Vögel. In seiner Fantasie waren sie so groß wie Menschen und bewegten sich ruckartig wie Roboter in einem altmodischen Science-Fiction-Film. Außen waren sie pelzig, doch der Pelz bedeckte ein hartes, metallenes Skelett voller Getriebe und Stromkreise. Manchmal zeichnete er auch eben dieses nackte Skelett oder skizzierte sie mit heruntergezogenem Pelz, um die Mechanik in ihrem Innern zu zeigen. Das sah ziemlich gruselig aus, als würde man den Schädel eines Menschen ohne Haut sehen.

Oswald war so versunken in seine Zeichnung, dass er zusammenzuckte, als Mrs Meecham das Licht ausschaltete, um einen Film zu zeigen. Filme schienen immer die letzte Verzweiflungstat eines Lehrers am letzten Tag vor den Ferien zu sein – ein Versuch, die Schüler anderthalb Stunden lang ruhigzustellen, bevor man sie in den Sommer entließ. Der Film, den Mrs Meecham ausgesucht hatte, war Oswalds Meinung nach zu kindisch für eine fünfte Klasse. Er handelte von einer Farm mit sprechenden Tieren, und er hat ihn schon einmal gesehen, doch er sah ihn sich erneut an an, denn was hätte er sonst auch tun sollen?

In der Pause standen Kinder herum, warfen einen Ball hin und her und redeten darüber, was sie im Sommer machen würden:

„Ich fahre ins Football-Camp."

„Ich fahre ins Basketball-Camp."

„Ich bin am Pool bei uns in der Nähe."

„Ich besuche meine Großeltern in Florida."

Oswald setzte sich auf eine Bank und hörte zu. Für ihn würde es keine Camps geben und kein Schwimmbad und keine Ausflüge, weil kein Geld da war.

Also würde er zeichnen, seine alten Videospiele spielen, die er schon Tausende von Male gewonnen hatte, vielleicht in die Bücherei gehen.

Wenn Ben noch da wäre, würde alles anders sein. Auch wenn sie nur das tun würden, was sie immer getan hatten, würden sie es zumindest zusammen tun. Und Ben konnte Oswald immer zum Lachen bringen, wenn er sich über Figuren aus Videospielen lustig machte oder einen ihrer Lehrer perfekt nachahmte. Ben und er hatten immer Spaß, völlig egal, was sie machten. Doch jetzt gähnte ihm ein Sommer ohne Ben entgegen.

Oswalds Mutter arbeitete in der Regel von zwölf bis Mitternacht, weswegen sein Vater meistens das Abendessen machte. Oft gab es Tiefkühlgerichte wie Lasagne oder Auflauf mit Hühnchen, oder Aufschnitt und Kartoffelsalat von der Feinkosttheke, die immer noch gut genug waren, um sie zu essen, aber nicht mehr gut genug, um sie zu verkaufen. Wenn sein Vater kochte, dann waren das normalerweise Sachen, für die er nur Wasser heiß machen musste.

Während sein Vater das Essen vorbereitete, war es Oswalds Aufgabe, Jinx zu füttern – ihre ausgesprochen verwöhnte schwarze Katze. Oswald dachte oft, dass er auch keine größeren Kochkünste bewies als sein Vater, wenn er das stinkende Katzenfutter für Jinx öffnete.

An diesem Abend gab es Käsemakkaroni mit Käse und dazu Dosenmais, den Vater in der Mikrowelle heißgemacht hatte. Es war eine ziemlich gelbe Mahlzeit.

„Weißt du, ich habe nachgedacht", meinte sein Vater und verteilte Ketchup über seine Käsemakkaroni. (*Warum noch mehr Käse?*, fragte sich Oswald.) „Ich weiß, du bist alt genug, um auch mal allein zu bleiben, aber mir gefällt der Gedanke nicht, dass du den ganzen Tag allein zu Hause bist, während deine Mutter und ich bei der Arbeit sind. Ich habe mir gedacht, du könntest immer morgens mit mir in die Stadt fahren, und ich setze dich dann an der Bücherei ab. Du könntest lesen, im Internet surfen …"

Diesen Fauxpas konnte Oswald nicht durchgehen lassen. Wie altmodisch war sein Vater eigentlich? „Niemand sagt heute mehr ‚im Internet surfen', Dad."

„Jetzt schon … denn ich habe es ja gerade gesagt." Sein Vater lud ein paar Makkaroni auf seine Gabel. „Jedenfalls habe ich mir gedacht, du könntest immer morgens in der Bibliothek deine Zeit verbringen. Wenn du Hunger bekommst, gehst du einfach zu Jeff's Pizza und holst dir ein Stück und eine Limo. Und sobald meine Schicht um drei vorbei ist, hole ich dich ab."

Oswald dachte einen Moment nach. Jeff's Pizza war ein ziemlich seltsamer Laden. Es war dort nicht dreckig, aber die Pizzeria wirkte ziemlich heruntergekommen. Das Kunstleder auf den Sitzen war mit Klebeband geflickt, und einige Plastikbuchstaben der Speisekarte über dem Tresen waren heruntergefallen, sodass es Zutaten gab wie *Peperon* und *...am...urger*. Man sah, dass Jeff's Pizza früher besser und größer gewesen war als heute. Es gab jede Menge Platz, der nicht genutzt wurde, und viele Steckdosen an der Wand. Am anderen Ende des Raums befand sich außerdem eine kleine Bühne, auch wenn es keinerlei Vorstellungen gab, nicht einmal eine Karaokenacht. Alles wirkte schäbig, und das Restaurant war nicht mehr das, was es einmal gewesen war, genauso wie der Rest der Stadt.

Trotzdem war die Pizza nicht schlecht und, was noch wichtiger war, es war der einzige Laden in der Stadt, wo es Pizza gab, wenn man die tiefgefrorenen aus dem Imbiss-Center nicht mitrechnete. Die wenigen guten Restaurants, einschließlich Gino's Pizza und Marco's Pizza (die im Gegensatz zu Jeff's die Namen richtiger Pizzabäcker trugen), hatten ihre Türen kurz nach der Mühle geschlossen.

„Gibst du mir das Geld für Pizza?", fragte Oswald. Seit sein Vater seinen Job verloren hatte, war Oswalds Taschengeld praktisch nicht mehr existent.

Vater lächelte – aber irgendwie traurig, schien es Oswald. „Mein Sohn, wir sind im Moment schlecht dran, aber wir sind nicht so schlecht dran, dass ich dir nicht Geld für ein Stück Pizza und eine Limo geben könnte."

„Okay", meinte Oswald. Es war schwer, ein warmes Stück Pizza mit viel Käse abzulehnen.

Da am nächsten Morgen keine Schule war und auch länger nicht mehr stattfinden würde, blieb Oswald noch auf, nachdem sein Vater ins Bett gegangen war und sah sich einen alten japanischen Monsterfilm an, während Jinx schnurrend auf seinem Schoß lag. Oswald hatte eine Menge japanischer B-Movies aus dem Horror-Genre gesehen, aber dieser, *Zendrelix vs. Mechazendrelix*, war ihm neu. Wie immer sah Zendrelix aus wie ein riesiger Drache, aber Mechazendrelix erinnerte ihn an die mechanischen Tiere, wenn er sie ohne Fell zeichnete. Umso mehr lachte er über die Spezialeffekte des Films – der Zug, den Zendrelix zerstörte, war eindeutig ein Spielzeug – und darüber, dass die Lippenbewegungen der Schauspieler nicht zu der englischen Synchronisation passten. Aber irgendwie fieberte er jedes Mal mit Zendrelix mit. Obwohl der nur ein Typ in einem Gummikostüm war, gelang es ihm, eine Menge Persönlichkeit zu entwickeln.

Als Oswald im Bett lag, versuchte er, sich alles vor Augen zu führen, was gut war. Ben war nicht da, aber er hatte Monsterfilme und die Bücherei und es gab Pizza zum Mittagessen. Das ist besser als nichts, doch es würde ihn nicht den ganzen Sommer über beschäftigen. *Bitte*, flehte er mit fest zusammengepressten Lidern. *Bitte lass irgendetwas Interessantes passieren.*

Der Duft von Kaffee und gebratenem Speck weckte Oswald. Auf den Kaffee konnte er gut verzichten, aber der Speck roch herrlich. Das Frühstück bedeutete immer, dass er Zeit mit seiner Mutter verbringen konnte. Bis zum Wochenende war es die einzige Möglichkeit. Nach einem kurzen, nicht aufzuschiebenden Halt, lief er den Flur entlang in die Küche.

„Sieh mal einer an! Mein baldiger Sechstklässler hat sich

erhoben!“ Seine Mutter stand in ihrem rosafarbenen Bademantel über den Herd gebeugt, das blonde Haar zu einem Pferdeschwanz gebunden, und wendete … Oh, lecker, waren das Pfannkuchen?

„Hi Mom.“

Sie breitete die Arme aus. „Ich verlange morgens eine Umarmung.“

Oswald seufzte, als würde ihm das auf die Nerven gehen, aber er umarmte sie. Es war schon lustig. Seinem Vater sagte er immer, er sei zu alt für solche Umarmungen, aber den ausgebreiteten Armen seiner Mutter konnte er nie widerstehen. Vielleicht kam das daher, weil er sie während der Woche nicht oft sah, wohingegen er und sein Vater so viel Zeit miteinander verbrachten, dass sie sich gegenseitig auf die Nerven gingen.

Er wusste, dass seine Mutter ihn vermisste und das sie ein schlechtes Gewissen hatte, weil sie immer so lange arbeitete. Aber er wusste auch, dass Vaters Arbeit im Imbiss-Center nur ein Teilzeitjob war und sie durch Mutters lange Arbeitszeiten die meisten Rechnungen bezahlen konnten. Mutter sagte immer, als Erwachsener würde man ständig um Geld und um Zeit kämpfen. Je mehr Geld man verdiente, um Rechnungen und das Lebensnotwendige zu bezahlen, desto weniger Zeit konnte man mit seiner Familie verbringen. Die Balance hinzubekommen, war gar nicht so einfach.

Oswald setzte sich an den Küchentisch und bedankte sich bei seiner Mutter, als sie ihm seinen Orangensaft eingoss.

„Der erste Tag der Sommerferien, was?“ Mutter ging zurück zum Herd und nahm einen Pfannkuchen aus der Pfanne.

„Mhm.“ Er hätte wahrscheinlich versuchen sollen, begeisterter zu klingen, aber die Energie dafür konnte er einfach nicht aufbringen.

Sie ließ den Pfannkuchen auf seinen Teller rutschen und legte ihm zwei Streifen gebratenen Speck dazu. „Ohne Ben ist es nicht dasselbe, oder?“

Stumm schüttelte er den Kopf. Er wollte auf keinen Fall heulen.

Seine Mutter fuhr ihm durchs Haar. „Ich weiß. Es ist blöd. Aber vielleicht zieht ja jemand Neues in die Stadt.“

Oswald sah die Hoffnung, die ihr ins Gesicht geschrieben stand. „Warum sollte irgendjemand hierher ziehen?“

„Okay, ich verstehe, was du meinst“, erwiderte seine Mutter und brachte ihm einen weiteren Pfannkuchen. „Aber man weiß nie. Vielleicht lebt ja sogar schon jemand hier, der cool ist. Jemand, den du noch gar nicht kennst.“

„Vielleicht, aber ich bezweifle es“, meinte Oswald. „Die Pfannkuchen sind toll.“

Seine Mutter lächelte und fuhr ihm erneut durchs Haar. „Möchtest du noch mehr Speck? Wenn ja, schnapp ihn dir lieber, bevor dein Vater kommt, und den Rest inhaliert.“

„Klar.“ Frisch gebratenen Speck lehnte Oswald nie ab.

In der Bücherei gefiel es ihm eigentlich immer. Er fand das neueste Buch aus einer Science-Fiction-Serie, die er mochte, und ein Manga sah auch interessant aus. Wie immer musste er Ewigkeiten warten, bis er mal an einen Computer konnte, denn sie waren alle von Leuten besetzt, die wirkten, als hätten sie kein Zuhause. Männer mit struppigen Bärten und Schichten von schäbiger Kleidung übereinander, zu dünne Frauen mit traurigen Augen und schlechten Zähnen. Höflich wartete er, bis er an der Reihe war. Er wusste, dass diese Leute den Tag über in der Bücherei Schutz suchten und die Nacht dann wieder auf der Straße verbrachten.

Jeff's Pizza war immer noch so schräg, wie er den Laden in Erinnerung hatte. Der weiträumige Bereich hinter den Tischen wirkte wie eine Tanzfläche, auf der niemand tanzte. Die Wände waren in einem blassen Gelb gestrichen, aber es war offenbar billige Farbe verwendet worden oder man hatte nur einmal übergestrichen, denn es war immer noch erkennbar, dass sich vorher etwas an den Wänden befunden hatte. Manchmal versuchte Oswald herauszufinden, was genau das gewesen war, aber es gelang ihm nicht.

Und dann war da noch die Bühne, die nie genutzt wurde. Leer lag sie da, schien aber auf irgendetwas zu warten. Und in der hinteren rechten Ecke befand sich etwas, das noch seltsamer war als die Bühne. Es war ein großer rechteckiger, brusthoher Kasten, umgeben von gelben Netzen, aber alles war mit Seilen abgesperrt, und daran hing ein Schild, auf dem stand: *Kein Zutritt*. Der Kasten selbst war mit roten, blauen und grünen Plastikbällen gefüllt, die früher wahrscheinlich einmal in den verschiedensten Farben geglänzt hatten, jetzt aber ausgeblichen und staubig waren.

Oswald wusste, Bällebäder waren in Spiellandschaften sehr beliebt gewesen, doch man hatte sie wegen hygienischer Bedenken irgendwann abgeschafft – wer wollte schon all diese Bälle desinfizieren? Oswald hatte keine Zweifel, wären Bällebäder noch beliebt gewesen, als er klein war, seine Mutter hätte ihn nicht darin spielen lassen. Und wenn er sich beschwert hätte, dass sie ihm keinen Spaß gönne, hätte sie gesagt: „Weißt du, was gar keinen Spaß macht? Bindehautentzündung.“

Abgesehen von der leeren Bühne und dem Bällebad war das seltsamste Inventar in Jeff's Pizza Jeff selbst. Er schien der Einzige zu sein, der dort arbeitete, deswegen nahm er am Tresen die Bestellungen entgegen und bereitete auch die Pizzen zu, doch der Laden war nie so voll, dass dies zum Problem werden konnte. Heute, wie auch an allen anderen Tagen, sah Jeff wieder aus, als habe er eine Woche lang nicht geschlafen. Sein dunkles Haar klebte ihm überall am Kopf, und er hatte erschreckende Tränensäcke unter den blutunterlaufenen Augen. Seine Schürze war voller Tomatenflecken neuerer und älterer Natur. „Was darf ich dir bringen?“, fragte er Oswald und klang gelangweilt.

„Ein Stück Pizza Margherita und eine Orangenlimo bitte“, antwortete Oswald.

Jeff starrte ins Nichts, als müsse er erst darüber nachdenken, ob die Bitte angemessen war oder nicht. Schließlich sagte er: „Okay. Drei fünfzig.“

Etwas zumindest konnte man von Jeffs Pizzastücken guten Gewissens behaupten: Sie waren riesig. Jeff servierte sie auf einem dünnen weißen Pappteller, der schnell voller

Fettflecken war, und die Enden hingen immer über den Rand.

Mit seinem Stück Pizza und der Limo rutschte Oswald in eine der Sitznischen. Der erste Biss – die Spitze des Dreiecks – war immer der beste. Aus irgendeinem Grund schmeckte man dort sämtliche Zutaten in einem perfekten Verhältnis zueinander. Er genoss den warmen, schmelzenden Käse, die würzige Soße und die angenehm ölige Kruste. Während er aß, ließ er seinen Blick über einige der anderen Gäste schweifen. Die Mechaniker aus der Autowerkstatt hatten ihre Peperonipizzen zusammengeklappt und aßen sie wie ein Sandwich. Ein ganzer Tisch voller Büromenschen machte sich unbeholfen und mit Messern und Gabeln aus Plastik über ihre Pizza her, damit sie nicht auf ihre Krawatten und Blusen kleckerten, vermutete Oswald.

Nachdem Oswald aufgegessen hatte, wäre ihm ein Nachschlag gelegen gekommen, aber er wusste, dass er dafür kein Geld mehr hatte, deswegen wischte er sich die fettigen Finger ab und zog sein Buch hervor, dass er aus der Bibliothek mitgebracht hatte. Er trank von seiner Limo und las. Schnell war er in eine Welt versunken, in der Kinder mit geheimen Kräften auf eine spezielle Schule gingen, um zu lernen, wie man das Böse bekämpft.

„Junge." Eine männliche Stimme riss Oswald aus seiner Geschichte. Er blickte auf, und vor ihm stand Jeff in seiner Schürze voller Soßenflecken. Oswald vermutete, dass er zu lange geblieben war. Er hatte jetzt zwei Stunden dort gesessen und gelesen, nachdem er für weniger als vier Dollar gegessen und getrunken hatte.

„Ja, Sir?“, antwortete Oswald, denn Höflichkeit konnte nie schaden.

„Ich habe noch ein paar Stücke Pizza, die ich über Mittag nicht verkaufen konnte. Willst du sie haben?“

„Oh“, erwiderte Oswald. „Nein, danke, ich habe kein Geld mehr.“ Allerdings wünschte er sich, er hätte noch welches.

„Geht aufs Haus“, meinte Jeff. „Ich muss sie ohnehin wegwerfen.“

„Oh, okay. Klar. Danke.“

Jeff griff nach Oswalds leerem Becher. „Ich schenke dir auch deine Orangenlimonade nach, wenn ich sowieso schon dabei bin.“

„Danke.“ Es war komisch. Jeffs Gesichtsausdruck änderte sich nie. Er wirkte müde und unzufrieden, selbst dann, wenn er besonders nett war.

Jeff brachte ihm zwei Stück Pizza, die er auf einen Pappteller gestapelt hatte, und dazu einen Becher Orangenlimo. „Bitte sehr, Junge“, sagte er und stellte den Becher und den Teller ab.

„Vielen Dank.“ Oswald fragte sich einen Moment, ob Jeff Mitleid mit ihm hatte, weil er vielleicht dachte, dass Oswald fürchterlich arm war wie die Obdachlosen, die sich den ganzen Tag in der Bücherei herumdrückten statt wie die normalen armen Leute, die aber knapp über die Runden kamen und zu denen er gehörte.

Doch dann dachte sich Oswald, wenn man eine Pizza

geschenkt bekam, war es nicht der richtige Zeitpunkt, sich über die Gründe dafür Gedanken zu machen.

Oswald bereitete es kein Problem, die beiden großen Stücke zu verspeisen. In den letzten paar Monaten war sein Appetit nicht zu bremsen gewesen. Wenn seine Mutter ihm morgens stapelweise Pfannkuchen machte, sagte sie immer, er müsse einen Wachstumsschub haben, weil er wie ein Scheunendrescher futtere.

Gerade als er den letzten Schluck seiner Limo in sich hineinschüttete, vibrierte das Handy in seiner Tasche. Er warf einen Blick auf die SMS seines Vaters: *Bin in zwei Minuten vor Jeff's.*

Perfektes Timing. Was für ein gelungener Tag.

Die Tage, die Oswald in der Bücherei und in Jeff's Pizza verbrachte, wurden mehr und mehr. Die ersten zwei Wochen waren toll gewesen, aber jetzt stand in der Bücherei das nächste Buch in der Reihe, die er gerade las, nicht zur Verfügung, und das Fantasy-Game, das er online spielte, langweilte ihn allmählich. Obwohl es als gratis angekündigt worden war, konnte er auf einmal nicht mehr weiterspielen, ohne etwas zu bezahlen. Er war es allmählich leid, dass es niemanden in seinem Alter gab, mit dem er etwas unternehmen konnte. Die Pizza war er allerdings noch nicht leid, doch er konnte sich langsam vorstellen, dass auch das irgendwann einmal der Fall sein würde.

Heute stand der Familienabend an. Je nach Mutters Arbeitszeiten fand er einmal in der Woche statt. Als es die Fabrik noch gegeben hatte, waren sie am Familienabend in ein Restaurant zum Essen gegangen – Pizza oder Chinesisch oder Mexikanisch. Und danach hatte man irgendetwas unternommen. Sie hatten sich irgendeinen kinderfreundlichen Film im Kino angesehen, und wenn dort nichts lief, waren sie Bowlen gegangen oder auf die Rollschuhbahn, an der sich seine Mutter und sein Vater immer getroffen hatten, als sie noch auf der Highschool waren. Seine Eltern konnten toll Rollschuhlaufen, ganz im Gegensatz zu Oswald, doch sie nahmen ihn in die Mitte, hielten ihn an der Hand und stützten ihn. Beendet wurde der Abend dann normalerweise mit einem Eis in der Innenstadt. Oswald und seine Mutter machten sich immer über seinen Vater lustig, weil es völlig egal war, welche Geschmacksrichtungen die Eisdiele anzubieten hatte, er nahm stets Vanille.

Doch seit die Fabrik geschlossen war, wurden die Familienabende zu Hause verbracht. Seine Mutter machte dann etwas zum Abendessen, das einfach herzustellen, aber möglichst doch ein bisschen besonders war wie Tacos oder Hotdogs. Sie aßen und spielten dann Brettspiele oder sahen sich einen Film an. Natürlich machte auch das Spaß, doch manchmal sagte Oswald, dass er sich die alten Zeiten zurückwünsche, in denen sie im Kino neue Filme gesehen und danach ein Eis gegessen hatten, und sein Vater musste ihn dann daran erinnern, dass es hauptsächlich darauf ankam, gemeinsam Zeit zu verbringen.

Wenn das Wetter schön war, packten sie für den Familienabend ein Picknick aus kaltem Braten und Salaten zusammen, die aus dem Imbiss-Center stammten, und fuhren ins Naturschutzgebiet. Dort aßen sie dann an einem Holztisch und beobachteten die Eichhörnchen und Vögel und Waschbären. Danach wanderten sie noch über einen der ausgeschilderten Wege. Diese Ausflüge waren immer eine schöne Abwechslung, aber Oswald war auch bewusst, warum dies die einzigen Familienabende waren, die außerhalb des Hauses stattfanden: Picknicks kosteten nichts!

An diesem Abend blieben sie zu Hause. Seine Mutter hatte Spaghetti und Knoblauchbrot gemacht. Sie hatten eine Runde Cluedo gespielt, die seine Mutter wie gewöhnlich alle gewonnen hatte, und jetzt fläzten sie sich zusammen im Pyjama auf der Couch, hatten eine große Schüssel Popcorn zwischen sich stehen und sahen sich die Neuverfilmung eines alten Science-Fiction-Films an.

Als der Film vorbei war, meinte sein Vater: „Das war nicht schlecht, aber nicht so gut wie die richtige Version."

„Was meinst du mit ‚richtiger Version'?", wollte Oswald wissen. „Das *war* die richtige Version."

„Nicht wirklich", entgegnete sein Vater. „Ich meine, es hat im gleichen Universum gespielt wie die richtige Version, aber es war irgendwie ein billiger Abklatsch von dem Film, der herausgekommen ist, als ich noch ein Kind war."

Sein Vater war immer so starrsinnig. Er konnte sich nie etwas ansehen und es einfach nur genießen. „Die besten Filme sind also die, die du als Kind gesehen hast?", fragte Oswald.

„Nicht immer, aber in diesem Fall schon." Oswald merkte, dass sein Vater sich innerlich auf etwas vorbereitete, das er besonders mochte: ein gutes Streitgespräch.

„Aber die Spezialeffekte in der Originalversion sind mies“, wandte Oswald ein. „All diese Puppen und Gummimasken.“

„Mir sind Puppen oder kleine Modelle viel lieber als diese Computertricks“, meinte sein Vater, lehnte sich auf der Couch zurück und legte seine Füße auf den kleinen Tisch. „Die sind immer viel zu perfekt. Da gibt es überhaupt keine Wärme, alles ist so aalglatt. Und außerdem magst du die alten Zendrelix-Filme, und deren Spezialeffekte sind furchtbar.“

„Ja, aber ich sehe sie mir an, um mich darüber lustig zu machen“, entgegnete Oswald, obwohl er Zendrelix ziemlich cool fand.

Seine Mutter kam mit Schüsselchen voller Eiscreme aus der Küche. Natürlich war die nicht so gut wie aus der Eisdiele, aber auch nichts, was man verschmähen sollte. „Okay, wenn ihr beide diese Hardcorefan-Streitereien nicht lasst, suche *ich* den nächsten Film aus, und das wird dann eine Liebeskomödie.“

Oswald und sein Vater verstummten auf der Stelle.

„So habe ich mir das gedacht“, meinte seine Mutter und verteilte die Schüsseln mit der Eiscreme.

Als Oswald im Bett lag und seine mechanischen Tiere zeichnete, vibrierte auf dem Nachttisch sein Smartphone. Außer seinen Eltern gab es nur einen einzigen Menschen, der ihm je schrieb.

Hey, hatte Ben getippt.

Hey zurück, gab Oswald ein. *Wie läuft dein Sommer?*

Super. Urlaub in Myrtle Beach. Ist echt cool. Überall Minigolf und Spielhallen.

Neid, tippte Oswald und meinte es auch so. Ein Strand mit Spielhallen und Minigolf klang wirklich super.

Schade, dass du nicht hier bist, schrieb Ben.

Ja, schade.

Wie läuft dein Sommer?

Okay, tippte Oswald. Er war kurz versucht, seinen Sommer besser klingen zu lassen, als er war, aber Ben hatte er noch nie anlügen können. *War viel in der Bücherei und hab in Jeff's Pizza gegessen.*

Das ist alles?

Im Vergleich mit einem Familienausflug an den Strand klang es tatsächlich kläglich. Er schrieb: *So ziemlich, ja.*

Tut mir leid, tippte Ben. Und dann: *Der Pizzaladen ist gruselig.*

Sie chatteten noch eine Weile, und obgleich Oswald sich freute, von Ben zu hören, stimmte es ihn auch traurig, dass sein Freund so weit weg war und ohne ihn so viel Spaß hatte.

Es war Montagmorgen, und Oswald hatte schlechte Laune. Da halfen nicht einmal Mutters Pfannkuchen. Im Auto drehte sein Vater das Radio zu laut auf. Es war irgendein dämlicher Song über einen Traktor. Oswald stellte ihn leiser.

„Hey, der Fahrer bestimmt die Musik. Das weißt du", mahnte sein Vater. Dann drehte er den fürchterlichen Song noch lauter als vorher.

„Das ist ganz schlechte Musik“, entgegnete Oswald. „Ich versuche nur, dich vor dir selbst zu schützen.“

„Also ich mag diese Songs aus den Videospielen, die du dir anhörst, auch nicht“, meinte sein Vater. „Aber ich platze trotzdem nicht einfach in dein Zimmer und stell sie aus.“

„Stimmt“, meinte Oswald. „Aber ich zwinge dich auch nicht dazu, sie dir anzuhören.“

Sein Vater drehte das Radio leiser. „Was ist los, mein Sohn? Was nervt dich. Es geht doch nicht nur darum, dass ich Countrymusik mag.“

Oswald hatte eigentlich keine Lust zu reden, aber er musste es wohl tun. Und als er den Mund aufmachte, überraschte es ihn selbst, dass ein ganzer Schwall an Unzufriedenheiten aus ihm herausschoss wie Lava aus einem Vulkan. „Ich bin es leid, dass jeder Tag genau gleich ist. Ben hat gestern mit mir gechattet. Er ist in Myrtle Beach und hat echt viel Spaß. Er wollte wissen, was ich so mache, und ich habe ihm gesagt, dass ich jeden Tag in der Bücherei bin und in Jeff's Pizza esse, und weißt du, was er zurückgeschrieben hat? ‚Sorry‘ und ‚Der Pizzaladen ist gruselig‘.“

Sein Vater seufzte. „Es tut mir leid, dass wir nicht in Urlaub fahren und einfach Spaß haben können, Oz. Was das Geld angeht, sind die Zeiten im Moment hart. Es tut mir leid, dass du darunter leiden musst. Du bist ein Kind. Du solltest dir keine Sorgen um Geld machen müssen. Ich hoffe, dass man mir im Herbst eine Vollzeitstelle gibt. Das würde viel helfen, und wenn ich zum Leiter der Feinkostabteilung befördert werde, gibt es noch einen Dollar fünfzig mehr pro Stunde.“

Oswald wusste, er sollte eigentlich nicht sagen, was er sagen wollte, aber er tat es trotzdem. „Bens Vater hat einen Job bekommen, in dem er sogar mehr verdient als früher in der Fabrik."

Sein Vater umfasste das Steuerrad fester. „Ja, und Bens Vater musste 500 Meilen weit wegziehen, um diesen Job zu bekommen." Seine Stimme klang gepresst, und Oswald sah, dass seine Kiefermuskeln angespannt waren. „Deine Mutter und ich haben viel darüber geredet, aber wir haben uns entschlossen, nicht umzuziehen, und zwar, weil deine Großmutter hier lebt und hin und wieder Hilfe braucht. Hier ist unser Zuhause, mein Junge, und die Dinge sind nicht perfekt, aber wir müssen das Beste daraus machen."

Oswald spürte, dass er, wenn er seiner schlechten Laune weiter freien Lauf ließ, Stubenarrest riskierte. Aber warum bekamen manche Leute nur das Beste vom Besten, während sich andere mit der Bücherei und billiger Pizza zufriedengeben mussten? „Du schubst mich jeden Tag wie Müll aus dem Auto. Wenn das das Beste ist, dann möchte ich nicht sehen, was das Schlimmste ist!"

„Findest du das nicht ein bisschen zu theatralisch …?"

Oswald wartete nicht ab, um sich die Worte seines Vaters bis zu Ende anzuhören. Er sprang aus dem Wagen und knallte die Tür hinter sich zu.

Sein Vater brauste davon und war wahrscheinlich erst einmal froh, ihn los zu sein.

Wie er vermutet hatte, war das Buch, das er lesen wollte, immer noch nicht zurückgegeben worden. Er blätterte ein paar Zeitschriften durch – mit exotischen Tieren aus dem Dschungel, die ihm normalerweise gefielen, aber heute halfen auch die nicht. Als ein Computerplatz frei wurde, nahm er seine Kopfhörer und sah sich ein paar YouTube-Videos an, aber heute war ihm einfach nicht zum Lachen zumute.

Mittags saß er dann mit seinem Stück Margherita und seiner Limo in Jeff's Pizza. Jeden Tag eine Margherita. Wenn sein Vater nicht so geizig wäre, würde er ihm einen Dollar mehr geben, damit er sich wenigstens noch eine Beilage kaufen konnte. Aber nein, es musste die billigste Pizza sein, die zu bekommen war. Sicher, das Geld war knapp, aber würde ein Dollar mehr pro Tag ihren Ruin bedeuten?

Als Oswald sich umsah, wurde ihm klar, dass Ben recht hatte. Jeff's Pizza war tatsächlich gruselig. Da waren die schattenhaft erkennbaren und überstrichenen Figuren an den Wänden zu erahnen, und es gab das staubige, verlassene Bällebad. Und wenn er recht darüber nachdachte, war auch Jeff irgendwie gruselig. Er sah aus, als sei er hundert, war allerdings wahrscheinlich gerade mal dreißig. Aber mit diesen blutunterlaufenen Augen mit den schweren Lidern, der fleckigen Schürze, seiner langsamen Sprechweise und den entsprechenden Bewegungen wirkte er wie ein Zombie-Pizza-Bäcker.

Oswald dachte über den Streit mit seinem Vater am Morgen nach. Bald würde Vater ihm schreiben, dass er nach draußen zum Auto kommen solle. Heute würde es mal anders laufen. Heute würde Vater hereinkommen müssen, um ihn zu suchen.

Es gab einen perfekten Platz, um sich zu verstecken.

Oswald würde in das Bällebad steigen.

Die Bällegrube war tatsächlich ziemlich eklig. Offensichtlich seit Jahren unberührt, waren die Plastikkugeln mit grauem, fusseligem Staub überzogen. Aber sich dort zu verstecken, würde ein toller Streich sein. Sein Vater, der ihn wie die Wäsche für die Reinigung ablieferte und wieder einsammelte, würde tatsächlich aus dem Auto steigen und sich zur Abwechslung mal etwas bemühen müssen. Und Oswald würde es ihm nicht leicht machen.

Oswald zog die Schuhe aus. Sicher, das Bällebad war ekelhaft, aber dort hineinzusteigen wäre zumindest für heute mal eine Abwechslung.

Er kletterte in die Grube und spürte, wie die Bälle auseinanderrutschten, um ihm Platz zu machen. Er bewegte Arme und Beine. Es war ein bisschen wie beim Schwimmen, wenn man denn in trockenen Plastikkugeln schwimmen konnte. Bald berührten seine Füße den Boden der Grube. Einige der Bälle waren irgendwie klebrig, aber Oswald versuchte, nicht darüber nachzudenken warum. Wenn er seinen Vater reinlegen wollte, musste er vollkommen untertauchen.

Er holte tief Luft, als wolle er in einen Pool springen und ließ sich auf die Knie sinken. Nun war er bis zum Hals verschwunden. Er drehte sich um, bis er auf dem Boden der Grube saß. Sein Kopf verschwand ebenfalls zwischen den Bällen. Sie ließen ihm genug Platz, um zu atmen, aber es war dunkel und eng. Und es stank nach Staub und Schimmel.

„Bindehautentzündung", hörte er seine Mutter sagen. „Du wirst eine Bindehautentzündung bekommen."

Der Geruch war wirklich fürchterlich. Der Staub kitzelte ihn in der Nase. Er spürte, dass er gleich würde niesen müssen, aber er konnte seine Hand nicht schnell genug durch die Bälle nach oben zu seiner Nase bringen, um sie zuzuhalten. Er nieste dreimal und jedes Mal lauter.

Oswald wusste nicht, ob sein Vater schon nach ihm suchte, doch wenn er es tat, hatte das Niesen in der Bällegrube ihm wahrscheinlich verraten, wo Oswald sich befand. Außerdem war es zu dunkel da drin und zu ekelig. Er musste Luft schnappen.

Als er sich erhob, hörte er elektronisches Gepiepe und Kinder, die schrien und lachten.

Er brauchte ein paar Sekunden, bis sich seine Augen an die Helligkeit gewöhnt hatten, die plötzlich um ihn herum herrschte, an die blinkenden Lichter und die leuchtenden Farben. Verblüfft blickte er sich um. „Toto, ich glaube nicht, dass wir noch in Kansas sind."

An den Wänden reihten sich große glänzende Spielekonsolen aneinander, von denen sein Vater immer aus der Kindheit erzählt hatte: *Pac-Man*, *Donkey Kong*, *Frogger*, *Q*bert*, *Galaga*. In einer von Neonlicht erleuchteten Maschine türmten sich blaue elfenähnliche Kreaturen und orangefarbene Katzen aus einem Zeichentrickfilm, die man sich mit einem mechanischen Greifarm angeln konnte. Er blickte hinunter auf die Grube und bemerkte, dass er umgeben war von kleinen Kindern, die in den auf einmal überraschend sauberen und in allen Farben leuchtenden

Bällen spielten. Wie ein Riese überragte Oswald die Kinder. Er stieg aus dem Bällebad, um wieder in seine Schuhe zu schlüpfen, aber sie waren verschwunden.

In Socken stand er auf dem farbenfrohen Teppich und blickte sich um. Er sah viele Kinder in seinem Alter und jüngere, aber irgendetwas an ihnen war anders. Alle waren aufwendig frisiert, und die Jungs trugen Poloshirts in Farben, in denen sich so mancher nicht einmal begraben lassen würde – Pink oder Türkis. Das Haar der Mädchen war unglaublich dick, und ihre Ponys standen von ihrer Stirn ab wie eine Klaue. Sie trugen pastellfarbene Oberteile, die zu ihren pastellfarbenen Schuhen passten. Die Farben, die Lichter, der Lärm – seine Sinne waren völlig überlastet. Und was war das für eine Musik?

Oswald blickte sich um, weil er herausfinden wollte, woher sie kam. Auf der anderen Seite des Raums auf einer kleinen Bühne stand ein Trio aus animatronischen Tieren. Sie blinzelten mit ihren großen leeren Augen, öffneten und schlossen ihre Mäuler und ruckten gemeinsam im Rhythmus eines plärrenden Songs vor und zurück. Es waren ein brauner Bär, ein blaues Kaninchen mit einer roten Fliege und eine Art Vogelmädchen. Sie erinnerten Oswald an die mechanischen Tiere, die er in letzter Zeit immer gezeichnet hatte. Der Unterschied bestand nur darin, dass er sich nie hatte entscheiden können, ob die Tiere in seinen Zeichnungen nun niedlich waren oder unheimlich.

Diese waren jedenfalls unheimlich.

Allerdings schienen das etwa ein Dutzend kleiner Kinder, die vor der Bühne standen, das anders zu sehen. Sie trugen lustige Hüte wie auf einer Geburtstagsparty, auf denen Bilder der Figuren zu sehen waren, und sie tanzten und lachten und hatten offenbar viel Spaß.

Als dann der Duft von Pizza Oswald in die Nase stieg, begriff er.

Er befand sich immer noch in Jeff's Pizza oder vielmehr darin, was Jeff's Pizza einmal gewesen war, bevor Jeff den Laden übernommen hatte. Das Bällebad war neu und nicht abgesperrt, die Steckdosen an der Wand versorgten Spiele-Konsolen mit Strom und … Er wandte sich nach links. Dort befand sich ein großes Wandgemälde mit denselben Figuren, die gerade auf der Bühne „auftraten“: Der braune Bär, das blaue Kaninchen und das Vogelmädchen. Unter ihren Gesichtern stand *Freddy Fazbear's Pizza.*

Oswald gefror das Blut in den Adern. Was war passiert? Er wusste, wo er war, er wusste nur nicht, wann das war, und wie er dorthin gekommen war.

Jemand prallte gegen ihn, und er zuckte heftiger als gewöhnlich zusammen. Da er den anderen körperlich spürte, konnte es sich nicht um einen Traum handeln. Ob das gut oder schlecht war, wusste er nicht.

„Tut mir leid“, sagte der Junge. Er war ungefähr in Oswalds Alter, und er trug ein hellgelbes Polohemd mit aufgestelltem Kragen, das er sich in seine Vater-Jeans gesteckt hatte. Die weißen Tennisschuhe, die er dazu trug, waren riesig, fast wie Clownsschuhe. Es sah aus, als habe er lange gebraucht, um seine Frisur hinzubekommen. „Alles okay?“

„Ja, klar“, antwortete Oswald. Er war sich keineswegs

sicher, ob alles okay war, aber er wusste auch nicht, wie er seine gegenwärtige Situation erklären sollte.

„Ich habe dich noch nie gesehen“, meinte der Junge.

„Ja“, sagte Oswald und versuchte sich eine Erklärung auszudenken, die nicht allzu verrückt klang. „Ich bin nur zu Besuch hier ... ein paar Wochen bei meiner Großmutter. Hier ist es echt toll. All die alten Spiele ...“

„*Alte* Spiele?“, fragte der Junge und hob eine Augenbraue. „Soll das ein Witz sein? Ich weiß ja nicht, wo du herkommst, aber im Freddy's gibt es immer die neuesten Games. Deswegen sind die Schlangen davor ja auch so lang.“

„Na klar, sollte ein Witz sein“, erwiderte Oswald, weil ihm nichts anderes einfiel. Sein Vater erzählte, dass er all diese Games auch gespielt hatte, als er noch ein Kind war. Unglaublich schwierige Games, meinte er, an die er viele Stunden und viele Münzen verschwendet hatte.

„Ich bin Chip“, sagte der Junge und fuhr sich mit den Fingern durch die Föhnfrisur. „Mein Freund Mike ...“, mit dem Kopf deutete er in Richtung eines großen schwarzen Jungen, der eine Brille mit riesigen Gläsern trug und ein T-Shirt mit breiten roten und blauen Streifen, „... und ich wollten gerade ein bisschen Skee-Ball spielen. Hast du Lust mitzumachen?“

„Klar“, antwortete Oswald. Es war schön, mal Zeit mit gleichaltrigen Kindern zu verbringen, auch wenn sie aus einer anderen Zeit zu stammen schienen. Er glaubte nicht, dass all dies ein Traum war, aber in jedem Fall war es genauso seltsam.

„Hast du einen Namen?“, fragte Mike und betrachtete Oswald, als sei er irgendein fremdartiges Wesen.

„Oh, klar. Ich bin Oswald.“ Er war viel zu baff gewesen, um sich vorzustellen.

Mike schlug ihm freundlich auf die Schulter. „Ich muss dich warnen, Oswald. Ich bin beim Skee-Ball ein echtes Tier. Ich werde mich ein bisschen zurückhalten, weil du neu hier bist.“

„Danke, dass du Gnade mit mir hast“, erwiderte Oswald. Er folgte den beiden zum Skee-Ball. Unterwegs kamen sie an jemandem in einem Kaninchenkostüm vorbei, der aussah wie die gelbe Version des animatronischen Kaninchens auf der Bühne. Niemand schien von ihm Notiz zu nehmen, deswegen sagte Oswald nichts. Es war wahrscheinlich ein Angestellter von Freddy Fazbear's, der sich verkleidet hatte, um die kleinen Kinder auf der Geburtstagsparty zu bespaßen.

Mike hatte nicht gelogen, was seine Künste beim Skee-Ball anging. Dreimal schlug er Chip und Oswald und das mit Leichtigkeit, aber er verhielt sich sportlich, und sie rissen die ganze Zeit Witze. Es fühlte sich gut an dazuzugehören.

Aber nach ein paar weiteren Runden begann Oswald sich Sorgen zu machen. Wie spät war es überhaupt? Wie lange suchte sein Vater ihn schon? Und wie sollte er zurück in sein richtiges Leben kommen? Klar, er hatte seinem Vater einen kleinen Schreck einjagen wollen, aber die Polizei sollte er deswegen nicht gleich holen müssen.

„Leute, ich muss jetzt los“, erklärte Oswald. „Meine

Großmutter …“ Beinah hätte er gesagt: „Hat mir gerade eine SMS geschrieben“, aber ihm wurde bewusst, dass Chip und Mike keine Ahnung haben würden, wovon er redete. In welcher Zeit auch immer er sich befand, Handys hatte es da noch nicht gegeben. „Meine Großmutter holt mich in ein paar Minuten ab.“

„Okay, Mann, vielleicht sehen wir uns ja noch mal“, antwortete Chip, und Mike nickte kurz und winkte.

Nun stand Oswald in seinen Socken da und fragte sich, was er tun sollte. Was er gerade erlebte, war irgendwie magisch. Zudem war er spät dran, und er hatte seine Schuhe verloren.

Wie kam er nur zurück? Konnte er einfach durch die Eingangstür von Freddy Fazbear’s hinausmarschieren? Aber was würde ihm das bringen? Vielleicht stand dort Vaters Auto. Aber es war nicht das richtige Jahr. Vielleicht nicht einmal das richtige Jahrzehnt.

Dann dämmerte es ihm. Vielleicht ging es auf demselben Weg wieder hinaus, auf dem er hergekommen war. Am Bällebad erklärte eine Mutter ihren beiden kleinen Kindern, dass sie aufbrechen müssten und drohte ihnen, dass sie sonst früh ins Bett müssten. Sobald die beiden aus der Grube geklettert waren, kletterte Oswald hinein.

Er tauchte unter die Oberfläche, bevor irgendjemand bemerken konnte, dass ein Junge, der die Größenbeschränkung überragte, im Bällebad war. Wie lange musste er unten bleiben? Er beschloss, bis hundert zu zählen und dann aufzustehen.

Als er sich erhob, erkannte er sofort, dass er sich wieder

in dem staubigen, abgesperrten Bällebad in Jeff's Pizza befand. Er kletterte aus der Grube und fand seine Schuhe genau dort vor, wo er sie zurückgelassen hatte. In seiner Tasche vibrierte das Telefon. Er nahm es heraus und las: *Bin in zwei Minuten da.*

War denn überhaupt keine Zeit vergangen?

Er lief hinaus, und Jeff rief ihm nach: „Bis dann, Junge!"

„Das sieht toll aus, Mom", meinte Oswald und spießte ein Stück Wurst auf seine Gabel.

„Du hast heute aber gute Laune." Seine Mutter beförderte eine Waffel auf seinen Teller. „Ganz anders als gestern. Da warst du ziemlich mürrisch."

„Ja", antwortete Oswald, „heute haben sie in der Bücherei das Buch, auf das ich jetzt schon länger warte." Das stimmte zwar, doch war das nicht der Grund, warum Oswald guter Stimmung war. Aber den wahren Grund konnte er seiner Mutter natürlich nicht nennen. Würde er sagen: „Ich habe in Jeff's Pizza ein Bällebad entdeckt, mit dem ich durch die Zeit reisen kann", würde Mutter die Waffeln fallen lassen und den nächsten Kinderpsychologen anrufen.

In der Bücherei holte Oswald sein Buch ab, aber er war viel zu ungeduldig, um darin zu lesen. Sobald Jeff's Pizza um elf Uhr öffnete, ging er hinüber.

Jeff war gerade in der Küche, als er ankam, deswegen ging er gleich hinüber zur Bällegrube.

Er streifte die Schuhe ab, stieg hinein und ließ sich unter die Oberfläche sinken. Da das beim letzten Mal auch funktioniert hatte, zählte er bis hundert, bevor er wieder aufstand.

Und tatsächlich! Die animatronische Band „spielte" irgendein komisches, schepperndes Stück, das zum Teil von dem Gepiepe, Gesurre und Geklingel der verschiedenen Games übertönt wurde. Oswald stieg aus dem Bällebad und sah sich um. Vor den Videospielen hatten sich die älteren Kinder versammelt. Die jüngeren kletterten auf den farbenfrohen Spielgeräten herum. *Bindehautentzündung*, dachte Oswald, aber da er ständig in das versiffte Bällebad eintauchte, stand es ihm kaum zu, sich abwertend dazu zu äußern.

Alles sah genauso aus wie beim letzten Mal. Ihm fiel sogar in einem offenstehenden Büro ein Kalender ins Auge, der ihm sagte, in welcher Zeit er sich befand: 1985.

„Hey, da ist Oswald!" Chip trug diesmal ein babyblaues Polohemd zu seinen Jeans und den riesigen Turnschuhen. Kein einziges Haar auf seinem Kopf war nicht an seinem Platz.

„Hey Oz", begrüßte ihn Mike. Er trug ein „Zurück in die Zukunft"-T-Shirt. „Wirst du manchmal so genannt – wie der Zauberer von Oz?"

„Jetzt schon", meinte Oswald grinsend. Vor Kurzem war es noch der einsamste Sommer überhaupt gewesen, und jetzt hatte er gleich zwei neue Freunde – und einen Spitznamen. Sicher, all dies schien Mitte der 1980er-Jahre zu passieren, aber warum sollte er sich mit Einzelheiten aufhalten?

„Wir haben gerade Pizza bestellt", meinte Chip. „Möchtest du auch was? Es ist eine große, damit wir mehr haben, als wir essen können."

„Wenn du meinst", entgegnete Mike, aber er grinste.

„Okay", verbesserte sich Chip, „dann eben mehr, als wir essen *sollten*. Willst du mitkommen?"

Oswald war neugierig, wie Freddy Fazbear's Pizza im Vergleich zu Jeffs schmeckte. „Klar. Danke."

Auf dem Weg zu ihrem Tisch kamen sie wieder an jemandem in einem gelben Kaninchenkostüm vorbei, der unbeweglich wie eine Statue in der Ecke stand. Chip und Mike bemerkten ihn entweder nicht oder ignorierten ihn. Aber warum verbarg er sich in der Ecke? Wenn er für das Restaurant arbeitete, sollte er sich wohl kaum so gruselig verhalten.

Am Tisch servierte ihnen eine junge Frau mit dicken blonden Haaren und blauem Lidschatten eine große Pizza und eine Karaffe mit Limonade.

Im Hintergrund spielte weiter die animatronische Band. Die Pizza war mit Peperoni und Wurstscheiben belegt und hatte eine knusprige Kruste. Das war eine nette Abwechslung zu der unspektakulären Margherita, mit der er sich normalerweise begnügen musste.

„Wisst ihr", meinte Mike, während er aß, „als ich klein war, habe ich die Band vom Freddy Fazbears's geliebt. Ich hatte sogar einen ausgestopften Freddy, der immer bei mir geschlafen hat. Und heute sehe ich da hoch zu der Bühne, und mir sind diese Viecher total unheimlich."

„Schon komisch, oder? Wie Sachen, die man als kleines Kind mochte, einem unheimlich werden, wenn man älter wird." Chip nahm sich ein weiteres Stück Pizza. „Wie Clowns zum Beispiel."

„Ja, oder Puppen", fügte Mike hinzu. „Manchmal fallen mir die Puppen meiner Schwester auf, wie sie da alle bei ihr im Regal sitzen, und es fühlt sich an, als würden sie mich anstarren."

Oder wie der Kerl in dem gelben Kaninchenkostüm, dachte Oswald, sagte aber nichts.

Nachdem sie die Pizza verspeist hatten, spielten sie noch ein wenig Skee-Ball. Mike gewann erneut haushoch, war aber trotzdem sehr nett dabei. Um die Zeit machte Oswald sich keine Gedanken mehr, denn offensichtlich verstrich die Zeit hier in einem anderen Tempo als bei ihm zu Hause. Nach Skee-Ball spielten sie noch abwechselnd jeweils zu zweit Air-Hockey. Oswald war überraschend gut darin und schaffte es einmal sogar, Mike zu schlagen.

Als ihnen allmählich die Chips ausgingen, bedankte sich Oswald, dass sie mit ihm geteilt hatten und sagte, er würde sich freuen, sie bald wiederzusehen. Nachdem sie sich verabschiedet hatten, wartete Oswald, bis niemand ihn beobachtete und verschwand dann in der Bällegrube.

Von nun an traf Oswald sich regelmäßig mit Chip und Mike. Heute spielten sie nicht einmal zusammen. Sie saßen einfach an einem Tisch, tranken Limonade und redeten, wobei sie versuchten, die nervtötende Musik der animatronischen Tiere möglichst zu überhören.

„Wisst ihr, welchen Film ich mochte?", fragte Chip. Sein Polohemd war heute pfirsichfarben. Oswald mochte den Jungen, aber besaß er nicht vielleicht auch irgendein Hemd, das nicht die Farbe eines Ostereis hatte. *„Das ewige Lied."*

„Ehrlich?", meinte Mike und schob sich seine riesige Brille auf der Nase nach oben. „Der war doch so langweilig! Ich fand, *Das ewige Lied* war genau der richtige Titel für den Film, weil ich gedacht habe, der hört ja nie auf!"

Alle lachten, und dann fragte Chip: „Wie hat er dir gefallen, Oz?"

„Den habe ich nicht gesehen", sagte Oswald. Das sagte er oft, wenn er mit Chip und Mike zusammen war.

Oswald lauschte immer, wenn sie über Filme und Fernsehshows sprachen, die sie mochten. Wenn sie dann eine erwähnten, die er nicht kannte, sah er zu Hause im Internet nach. Er hatte eine Liste von Filmen aus den Achtzigern zusammengestellt, die ihn interessierten, und er hatte im TV-Programm nachgesehen, wann vielleicht einer davon lief. Ansonsten beteiligte sich Oswald an Chips und Mikes Gesprächen, soweit er es konnte. Irgendwie fühlte er sich wie ein Austauschschüler. Manchmal lächelte er nur und nickte und tat einfach so als ob.

„Mann, du musst mehr rausgehen", sagte Mike. „Vielleicht kannst du ja irgendwann mal mit Chip und mir ins Kino kommen."

„Das wäre cool", erwiderte Oswald, denn was hätte er sonst sagen sollen? *In Wirklichkeit komme ich aus der Zukunft, und ich glaube nicht, dass es mir möglich wäre, euch irgendwo anders zu treffen als im Freddy Fazbear's von 1985.*

„Nenn mir einen Film, den du gesehen hast und der dir wirklich gefällt", sagte Chip zu Oswald. „Ich versuche nur herauszufinden, was dein Geschmack ist."

Oswald hatte plötzlich einen Blackout. Welcher Film stammte aus den Achtzigern? „Äh … *E. T.*?"

„*E. T.*?" Lachend schlug Mike mit der flachen Hand auf den Tisch.

„*E. T.* ist doch schon drei Jahre alt. Du musst wirklich mehr rausgehen! Gibt es denn da, wo du herkommst, keine Kinos?"

Doch, die gibt es, dachte Oswald. *Und außerdem Netflix und YouTube und die Playstation und Soziale Medien.* Aber das sagte er nicht.

Natürlich gab es Technologien, über die Chip und Mike redeten, von denen wiederum er nur eine vage Ahnung hatte, wie Videorecorder, Ghettoblaster und Kompaktkassetten. Und er musste ständig darauf achten, nicht von Handys und Tablets und dem Internet zu reden. Er bemühte sich, keine T-Shirts mit Aufdrucken anzuziehen, die für die beiden oder die anderen Kunden im Freddy Fazbear's von 1985 verwirrend sein könnten.

„Ja, wir müssen dich absolut mal auf den neuesten Stand bringen", meinte Chip.

Wenn du wüsstest, dachte Oswald.

„Hey, hättet ihr Lust, was zu spielen?", fragte Mike. „Ich hätte Bock auf Skee-Ball, und ich verspreche, ich werde euch schonen."

Chip lachte. „Nein, das wirst du nicht. Du wirst uns fertigmachen."

„Geht ihr nur“, forderte Oswald die beiden auf. „Ich bleibe hier am Tisch.“

„Und siehst dir die Show an oder was?“, fragte Mike ungläubig und deutete mit dem Kopf in Richtung der Bühne mit den unheimlichen Figuren. „Ist alles in Ordnung? Wenn dir die Musik im Freddy Fazbear’s plötzlich gefällt, müssen wir schnell Hilfe für dich organisieren.“

„Nein, alles ist gut“, versicherte Oswald, doch das stimmte nicht. Bei seinen ersten Besuchen im Freddy Fazbear’s von 1985 war ihm überhaupt nicht aufgefallen, dass er nur von Chips und Mikes Großzügigkeit lebte, weil er nie selbst Geld dabei hatte. Und wäre er in seiner eigenen Zeit auch nicht pleite gewesen, wüsste er nicht, ob das Geld, das er mitbringen würde, 1985 überhaupt etwas wert war? Es war schon etwas erbärmlich, gleich in zwei Jahrzehnten pleite zu sein.

Schließlich sagte er: „Ich habe einfach das Gefühl, von eurem Geld zu leben, weil ich nie welches habe.“

„Hey, Mann, alles cool“, erwiderte Chip. „Das ist uns nicht mal aufgefallen.“

„Ja“, meinte Mike, „wir haben uns gedacht, dass deine Großmutter dir nie Geld gibt. Meine Großmutter macht das auch nicht, außer an meinem Geburtstag.“

Sie waren wirklich nett, die beiden, aber Oswald war die Sache trotzdem peinlich. Wenn sie über das Geld gesprochen hatten, war es ihnen also doch aufgefallen. „Wie wäre es, wenn ich einfach mitkomme, während ihr spielt?“, schlug Oswald vor.

Als er aufstand, spürte er plötzlich Gewicht in seinen

Hosentaschen, so schwer, dass er das Gefühl hatte, es würde ihm die Jeans herunterzerren. Er griff in seine Taschen und zog zwei Hände voll mit Wertchips für die Games im Freddy Fazbear's von 1985 heraus. Er packte alles auf den Tisch, und holte dann eine weitere Handvoll hervor. Und noch eine, und noch eine. „Oder wir könnten mit denen hier spielen", meinte er. Er hatte keine Ahnung, wie er diese Magie erklären sollte. „Wahrscheinlich hab ich vergessen, dass ich diese Hosen anhabe ... in der sind nämlich alle Chips."

Chip und Mike schienen verblüfft, aber dann grinsten sie und begannen, Chips in ihre leeren Limobecher zu füllen.

Oswald tat dasselbe. Er beschloss, sich keine weiteren Gedanken zu machen. Er hatte keine Ahnung, wie die Chips dorthin gekommen waren, aber schließlich wusste er auch nicht, wie er selbst dorthin gekommen war.

Als sein Vater ihn am nächsten Morgen zur Bücherei fuhr, fragte Oswald: „Dad, wie alt warst du 1985?"

„Gerade mal ein paar Jahre älter als du", antwortete sein Vater. „Und außer an Baseball habe ich nur daran gedacht, wie viele Münzen ich in der Spielhalle ausgeben könnte. Warum fragst du?"

„Einfach nur so", erwiderte Oswald. „Ich hab ein bisschen recherchiert. Jeff's Pizza war doch – bevor es zu Jeff's Pizza wurde – eine Art Spielhalle, oder?"

„Ja, war es." Die Stimme seines Vaters klang seltsam, irgendwie nervös. Ein paar Sekunden schwieg er, dann sagte er: „Aber sie hat geschlossen."

„Wie alles andere in dieser Stadt“, meinte Oswald.

„So ziemlich, ja“, sagte sein Vater und hielt vor der Bücherei.

Vielleicht bildete Oswald es sich nur ein, aber sein Vater schien erleichtert zu sein, dass sie ihr Ziel schon erreicht hatten und er keine weiteren Fragen zu dem Thema beantworten musste.

Pünktlich um elf ging Oswald hinüber zu Jeff's Pizza, wie er es immer tat. Da Jeff nirgendwo zu sehen war, lief Oswald gleich zur Bällegrube. Nachdem er bis hundert gezählt hatte, stand er auf. Doch diesmal hörte er nicht die vertrauten Geräusche aus dem Freddy Fazbear's. Sondern Schreie. Weinende Kinder. Hilferufe. Schnelle Schritte. Es herrschte Chaos.

Waren Chip und Mike da? Ging es ihnen gut? Ging es allen anderen hier gut?

Er hatte Angst. Einerseits wäre er am liebsten gleich wieder in der Bällegrube verschwunden, doch er machte sich Sorgen um seine Freunde. Außerdem brannte er vor Neugier, was eigentlich los war, obwohl er wusste, was immer es auch war, es musste schrecklich sein.

Er befand sich nicht in Gefahr, redete er sich ein, denn dies war die Vergangenheit, die lange vor seiner Geburt stattgefunden hatte. Sein Leben konnte kaum in einer Zeit in Gefahr sein, die stattgefunden hatte, bevor er überhaupt begonnen hatte zu existieren, oder?

Mit einem Knoten im Magen lief er durch die aufgescheuchte Menge, vorbei an weinenden Müttern mit Kleinkindern auf dem Arm, vorbei an Vätern, die nach den

Händen ihrer Kinder griffen und sie schnell zum Ausgang führten, das Entsetzen ins Gesicht geschrieben.

„Chip? Mike?“, rief er, aber seine Freunde waren nirgends zu sehen. Vielleicht waren sie heute nicht ins Freddy Fazbear's gekommen. Vielleicht waren sie in Sicherheit.

Ängstlich, aber von dem Gefühl getrieben, dass er herausfinden müsste, was los war, lief Oswald in die Richtung, aus der all die anderen kamen, und ihm wurde immer mulmiger.

Vor ihm tauchte der Mann in dem gelben Kaninchenkostüm auf … falls denn ein Mann darin steckte. Das Kaninchen öffnete eine Tür mit der Aufschrift „Privat“ und ging hindurch.

Oswald folgte ihm.

Der Gang dahinter war lang und dunkel. Mit ausdruckslosen Augen und einem eingefrorenen Grinsen blickte ihn das Kaninchen an, dann ging es den Gang hinunter. Oswald jagte das Kaninchen nicht. Er ließ sich von ihm führen, als befände er sich in einer grauenerregenden Variante von *Alice im Wunderland* und würde gerade in das Kaninchenloch hinabsteigen.

Das Kaninchen hielt vor einer Tür inne, auf der „Partyraum“ stand, und bedeutete Oswald, ihm hineinzufolgen. Oswald bebte vor Furcht, aber er war zu neugierig, um es nicht zu tun. *Außerdem*, dachte er, kannst du mir nichts tun. *Ich bin ja noch nicht einmal geboren.*

In dem Raum brauchte Oswald ein paar Sekunden, um zu begreifen, was er dort eigentlich sah und noch ein paar weitere Sekunden, bis sein Hirn das auch verarbeitet hatte.

Sie saßen aufgereiht an der Wand, die mit Bildern der Tiere aus dem Freddy Fazbear's bemalt waren: dem grinsenden Bären, dem blauen Kaninchen und dem Vogelmädchen. Es waren ein halbes Dutzend Kinder, keins von ihnen älter als Oswald. Ihre leblosen Körper aufrecht hingesetzt, die Beine vor sich ausgestreckt. Einige hatten die Augen geschlossen, als würden sie schlafen. Die Augen anderer waren offen und leer wie die von Puppen.

Alle trugen sie Freddy-Fazbear-Partyhüte.

Oswald wusste nicht, wie sie gestorben waren, aber ihm war klar, das Kaninchen war dafür verantwortlich. Das Kaninchen wollte ihm sein Werk präsentieren. Vielleicht sollte Oswald sein nächstes Opfer werden und auch mit toten Augen neben den anderen an der Wand sitzen.

Oswald schrie. Das gelbe Kaninchen sprang auf ihn zu. Er stürzte aus dem Raum und den dunklen Korridor entlang. Vielleicht konnte das Kaninchen ihm etwas tun, vielleicht auch nicht. Aber Oswald hatte keine Lust, das herauszufinden.

Er rannte durch die nun leere Spielhalle zum Bällebad. Draußen schrien die Sirenen der Polizeiautos mit Oswald um die Wette. Das Kaninchen verfolgte ihn und kam ihm so nahe, dass er plötzlich eine pelzige Pfote auf seinem Rücken spürte.

Oswald hechtete in die Grube. So schnell er konnte, zählte er bis hundert.

Als er aufstand, hörte er Jeffs Stimme. „Da ist der kleine Stinker!"

Oswald drehte sich um und sah, wie sein Vater auf ihn

zukam. Er schien außer sich zu sein, und Jeff war offensichtlich auch nicht besonders glücklich – wenn das auch nichts Besonderes war.

Völlig erstarrt von dem gerade Erlebten stand Oswald da.

Sein Vater packte ihn am Arm und zog ihn aus dem Bällebad. „Was hast du dir dabei gedacht, dich in dem dreckigen alten Ding zu verstecken?", fragte Vater. „Hast du mich denn nicht rufen hören?"

Nachdem Oswald aus der Grube geklettert war, beugte sich sein Vater über die Grube. „Sieh dir nur an, wie schmutzig das ist. Deine Mutter …"

Zwei gelbe Arme tauchten zwischen den Bällen auf und zogen seinen Vater unter die Oberfläche.

Der Kampf hätte etwas Komisches gehabt, wäre er nicht so erschreckend gewesen. Die Füße seines Vaters in ihren braunen Arbeitsschuhen erschienen strampelnd und zwischen den Bällen und verschwanden wieder. Dann tauchte ein Paar pelzige gelbe Füße auf, die auch gleich darauf nicht mehr zu sehen waren. Die Bälle in der Grube wogten wie ein sturmgepeitschtes Meer. Kurz darauf lag die Oberfläche wieder unbewegt da. Dann erhob sich das gelbe Kaninchen aus der Grube, rückte seine rote Fliege zurecht, klopfte sich den Pelz ab und wandte sich grinsend Oswald zu.

Oswald wich zurück, aber schon war das Kaninchen neben ihm, den Arm fest um seine Schultern gelegt, und führte ihn zum Ausgang.

Oswald blickte zu Jeff, der hinter dem Tresen stand. Vielleicht konnte Jeff ihm helfen. Doch Jeff hatte den gleichen niedergeschlagenen Hundeblick wie immer im Gesicht und sagte nur: „Bis später dann."

Wie konnte Jeff – wie konnte irgendjemand – so tun, als sei die Situation völlig normal?

Draußen vor der Tür öffnete das Kaninchen die Beifahrertür vom Auto seines Vaters und stieß Oswald hinein. Dann stieg es selbst auf der Fahrerseite ein, schloss den Anschnallgurt und startete den Wagen.

Oswald versuchte, die Tür zu öffnen, aber das Kaninchen hatte die Tür vom Fahrersitz aus verschlossen.

Das Maul des Kaninchens schien in einem Grinsen erstarrt. Seine Augen waren ausdruckslos.

Noch einmal versuchte Oswald, die Tür zu öffnen, obwohl er wusste, dass es nicht funktionieren würde. „Moment mal", sagte Oswald dann. „Kannst du das überhaupt? Kannst du Autofahren?"

Statt einer Antwort fuhr das Kaninchen einfach los. Da es an einer roten Ampel hielt, ging Oswald davon aus, dass es sehen konnte und grundsätzlich wusste, was Verkehrsregeln bedeuteten.

„Was hast du mit meinem Vater gemacht? Wohin bringst du mich?" Oswald hörte die Panik in seiner Stimme. Eigentlich wollte er stark und tapfer sein, klang aber nur verängstigt und verwirrt. Was er auch war.

Das Kaninchen antwortete nichts.

An einer vertrauten Ecke bogen sie ab und dann noch einmal, in die Straße mit Oswalds Haus.

„Woher weißt du, wo ich wohne?", wollte Oswald wissen.

Immer noch schweigend fuhr das Kaninchen auf die Einfahrt vor Oswalds Haus, das im Ranchstil gebaut war.

Ich haue ab, dachte Oswald. *Sobald dieses Ding die Tür entriegelt, laufe ich zum Nachbarhaus und rufe von da die Polizei.* Die Schlösser klickten, und Oswald sprang aus dem Wagen.

Irgendwie stand das Kaninchen plötzlich direkt vor ihm. Es packte seinen Arm. Er versuchte, sich loszureißen, aber der Griff war zu fest.

Das Kaninchen zerrte Oswald zur Haustür und riss ihm die Kette mit dem Schlüssel ab, die er um den Hals trug. Das Kaninchen schloss auf und stieß Oswald ins Haus. Dann stellte es sich vor die Tür und blockierte den Ausgang.

Jinx, die Katze, kam ins Wohnzimmer geschlendert, warf einen Blick auf das Kaninchen, machte einen Buckel, plusterte den Schwanz auf und fauchte. Noch nie zuvor hatte Oswald beobachtet, dass sie Angst hatte oder einem Besucher gegenüber unfreundlich war, und nun musste er sehen, wie sie sich umdrehte und den Flur entlang floh. Wenn Jinx die Situation als gefährlich einschätzte, musste sie sehr gefährlich sein.

„Das kannst du nicht machen“, sagte Oswald unter Tränen zu dem Kaninchen. Er wollte nicht weinen. Er wollte stark wirken, aber er konnte nicht anders. „Das… Das ist eine Geiselnahme! Meine Mutter kommt bald nach Hause, und sie wird die Polizei rufen.“

Das war natürlich ein absoluter Bluff. Mutter würde erst nach Mitternacht nach Hause kommen. Würde er dann noch am Leben sein? War sein Vater überhaupt noch am Leben?

Er wusste, das Kaninchen würde ihn packen, wenn er versuchte, durch die Hintertür zu fliehen. „Ich gehe jetzt in mein Zimmer, okay? Ich versuche nicht zu entkommen. Ich gehe nur in mein Zimmer." Dann zog er sich zurück, und das Kaninchen ließ ihn gewähren. Sobald er in seinem Zimmer war, schlug er die Tür zu und verschloss sie. Er atmete immer wieder tief durch und versuchte nachzudenken. In seinem Zimmer gab es ein Fenster, aber es lag hoch und war zu klein, um hindurchzuklettern. Unter seinem Bett stieß Jinx ein tiefes Knurren aus.

Draußen vor der Tür konnte Oswald das Kaninchen hören. Wenn er jemanden anrief, würde es ihn ebenfalls hören. Aber vielleicht konnte er eine SMS schicken.

Er nahm sein Handy und tippte mit zitternden Händen: *Mom, Notfall! Etwas stimmt nicht mit Dad. Komm sofort nach Hause.*

Schon während er seiner Mutter schrieb, wusste er, dass sie jetzt nicht nach Hause kommen würde. Bei der Arbeit hatte sie es immer mit medizinischen Notfällen zu tun und manchmal dauerte es lange, bevor sie überhaupt dazu kam, einen Blick auf ihr Telefon zu werfen. Im Notfall war es sein Vater, den Oswald kontaktieren sollte. Nur würde das jetzt nicht funktionieren.

Eine schreckliche Stunde verging, bis Oswalds Handy vibrierte. Weil er fürchtete, dass das Kaninchen immer noch draußen vor seiner verriegelten Zimmertür lauschte, nahm er das Gespräch an, ohne Hallo zu sagen.

„Oswald, was ist los?“ Seine Mutter klang entsetzt. „Muss ich die Polizei rufen?“

„Ich kann jetzt nicht reden“, flüsterte Oswald.

„Ich bin unterwegs, okay?“ Sie legte auf.

Die folgenden fünfzehn Minuten vergingen langsamer, als Oswald es für möglich gehalten hatte. Dann wurde an seine Zimmertür geklopft.

Oswald zuckte zusammen. Das Herz schlug ihm im Hals. „Wer ist da?“

„Ich bin es“, sagte seine Mutter und klang verärgert. „Mach die Tür auf.“

Er öffnete die Tür nur einen Spaltbreit, um sich zu überzeugen, dass sie es wirklich war. Nachdem er sie hereingelassen hatte, schloss er die Tür und verschloss sie erneut.

„Oswald, du musst mir sagen, was hier los ist.“ Seine Mutter hatte die Stirn gerunzelt.

Wo sollte er anfangen? Wie sollte er das alles erklären, ohne verrückt zu klingen? „Es geht um Dad. Er … Ihm geht es nicht gut. Ich bin mir nicht einmal sicher, wo er ist …“

Mutter legte beide Hände auf seine Schultern. „Oswald, ich habe deinen Vater gerade gesehen. Er liegt in unserem Schlafzimmer auf dem Bett und sieht fern. Er hat dir zum Abendessen einen Auflauf mit Hühnchen gemacht. Er steht auf dem Herd.“

„Was? Ich habe keinen Hunger.“ Er versuchte zu begreifen, was seine Mutter gerade gesagt hatte. „Du hast Dad gesehen?“

Mutter nickte. Sie blickte ihn an, als sei er einer ihrer Patienten und nicht ihr Sohn. Offenbar versuchte sie herauszufinden, was in ihn gefahren war.

„Und es geht ihm gut?“

Wieder nickte sie. „Alles bestens, aber ich mache mir Gedanken um dich.“ Sie legte eine Hand auf seine Stirn, als wolle sie überprüfen, ob er Fieber habe.

„Ich bin okay“, sagte Oswald. „Ich meine, wenn mit Dad alles in Ordnung ist. Ich bin okay. Es sah nur nicht so aus … als sei er okay.“

„Vielleicht ist es gut, dass die Schule wieder anfängt. Ich glaube, du verbringst zu viel Zeit allein.“

Was sollte er darauf antworten? *Eigentlich verbringe ich die Zeit mit meinen neuen Freunden im Jahr 1985?* „Vielleicht. Wahrscheinlich sollte ich einfach ins Bett gehen. Ich muss morgen früh raus.“

„Ich denke, das ist eine gute Idee“, sagte seine Mutter. Sie legte die Hände auf seine Wangen und sah ihm direkt in die Augen. „Und wenn du mir während der Arbeit schreibst, dann nur, wenn es wirklich ein Notfall ist. Du hast mir einen ganz schönen Schrecken eingejagt.“

„Ich dachte, es sei ein echter Notfall. Tut mir leid.“

„Schon gut, Schatz. Geh jetzt schlafen, okay?“

„Okay.“ Nachdem Mutter gegangen war, warf Oswald einen Blick unter das Bett. Dort saß immer noch Jinx und machte sich so klein und unsichtbar wie möglich. Ihre Augen waren aufgerissen und voller Angst. „Alles okay, Jinxie“, sagte Oswald, griff unter das Bett und lockte sie. „Mutter sagt, alles ist gut. Du kannst jetzt rauskommen.“

Die Katze rührte sich nicht.

Bald lag Oswald im Bett, aber er konnte nicht schlafen. Wenn seine Mutter sagte, sein Vater sei da und es ginge ihm gut, dann musste das stimmen. Warum sollte sie lügen?

Aber Oswald wusste, was er gesehen hat.

Er hatte gesehen, wie dieses gelbe Ding seinen Vater in die Grube gezogen hatte. Er hatte gesehen, wie das gelbe Ding aus dem Bällebad gestiegen war, hatte seinen festen Griff am Arm gespürt, neben ihm im Auto gesessen, als es zu ihm nach Hause gefahren war.

Oder etwa doch nicht?

Wenn seine Mutter sagte, sein Vater sei zu Hause und es ginge ihm gut, musste das so sein. Oswald vertraute seiner Mutter. Aber wenn es seinem Vater gut ging, bedeutete das, er hatte gar nicht gesehen, was er geglaubt hatte zu sehen. Und das bedeutete, dass er begann, den Verstand zu verlieren.

Nach nur ein paar Stunden, in denen er unruhig schlief, wachte Oswald auf, als ihm der Duft von warmem Schinken und frischen Brötchen in die Nase stieg. Sein Magen knurrte und erinnerte ihn daran, dass gestern sein Abendbrot ausgefallen war.

Alles wirkte normal. Vielleicht sollte er den gestrigen Tag einfach wie einen schlechten Traum behandeln und nach vorne schauen. Neues Schuljahr, ein neuer Anfang.

Er verschwand kurz im Badezimmer und ging dann nach unten.

„Fühlst du dich besser?“, fragte seine Mutter. Da stand

sie, das Haar zu einem Pferdeschwanz gebunden, in ihrem pinkfarbenen Morgenmantel und machte ihm wie immer Frühstück. Und aus irgendeinem Grund erleichterte das Oswald ungemein.

„Ja", meinte er. „Und ich habe ziemlichen Hunger."

„Das Problem kann ich lösen", erwiderte seine Mutter. Sie stellte ihm einen Teller mit zwei warmen Schinkenbrötchen hin und schenkte ihm ein Glas Orangensaft ein.

Das erste Brötchen vertilgte Oswald mit wenigen Bissen.

Das gelbe Ding kam herein und setzte sich ihm gegenüber an den Frühstückstisch.

„Äh … Mom?" Oswalds Herz hämmerte. Plötzlich lag ihm das Schinkenbrötchen schwer im Magen.

„Was ist, Schatz?" Sie hatte ihm den Rücken zugedreht, während sie sich an der Kaffeemaschine zu schaffen machte.

„Wo ist Dad?"

Mit der Kaffeekanne in der Hand drehte sie sich um. „Oswald, dein Vater sitzt dir direkt gegenüber! Wenn das irgendein Streich sein soll, kannst du sofort damit aufhören, denn das ist überhaupt nicht witzig." Sie goss eine Tasse Kaffee ein und stellte sie vor das gelbe Ding, das vor sich hinstarrte, das Maul zu einem starren Grinsen verzogen.

Oswald wusste, dass er so nicht weiterkam. Entweder war *er* verrückt oder seine Mutter. „Okay, schon verstanden. Ich lasse es. Ich entschuldige mich. Kann ich mich vielleicht schon für die Schule fertig machen?"

„Natürlich“, erwiderte seine Mutter, aber sie blickte ihn wieder seltsam an.

Oswald verschwand im Badezimmer, um sich die Zähne zu putzen, dann ging er in sein Zimmer, weil er seinen Rucksack holen wollte. Er spähte unter das Bett, und sah Jinx, die sich immer noch dort versteckte. „Zum Glück gibt es wenigstens einen in dieser Familie, der noch bei Verstand ist“, sagte er.

Als Oswald zurück in die Küche kam, stand das gelbe Ding an der Tür, die Autoschlüssel in der Pfote.

„Bringt … äh … Dad mich in die Schule?“, fragte Oswald. Er wusste nicht, ob er es würde ertragen können, noch einmal im Auto neben dem Ding zu sitzen und darauf zu hoffen, dass es auf die Straße achtete, während es mit seinen leeren Augen durch die Windschutzscheibe starrte.

„Tut er das nicht immer?“, erwiderte Mutter. Er hörte deutlich die Sorgen in ihrer Stimme. „Hab einen schönen Tag, okay?“

Da ihm keine Wahl blieb, setzte sich Oswald neben das gelbe Ding ins Auto. Wieder verschloss es sämtliche Türen. Dann fuhr es rückwärts aus der Einfahrt. Kurz darauf kamen sie an einem joggenden Nachbarn vorbei, der ihm zuwinkte, als sei es sein Vater.

„Ich kapiere das nicht“, sagte Oswald den Tränen nahe. „Bist du real? Ist das alles hier real? Werde ich verrückt?“

Das gelbe Ding antwortete nicht, sondern starrte nur hinaus auf die Straße.

Als es vor der Westbrook Middle School hielt, schienen weder der Schülerlotse noch die Kinder auf dem Zebrastreifen zu bemerken, dass der Wagen von einem riesigen gelben Kaninchen gefahren wurde.

„Hey“, sagte Oswald, bevor er aus dem Wagen stieg, „mach dir nicht die Mühe, mich heute Nachmittag abzuholen. Ich nehme einfach den Bus.“

Der Schulbus war auch ein großes gelbes Ding, aber mit dem konnte er umgehen.

Offenbar gehorchte es den kosmischen Gesetzen, dass der erste, den Oswald auf dem Flur sah, sein Peiniger Dylan war. „Na, wenn das nicht Oswald der Oze…“

„Lass es einfach, Dylan“, erwiderte Oswald und drängte sich an ihm vorbei. „Ich hab heute weitaus größere Probleme als dich.“

Während des Unterrichts konnte Oswald sich überhaupt nicht konzentrieren. Eigentlich war er ein ziemlich guter Schüler, aber wie sollte er mitarbeiten, wenn sein Leben und möglicherweise auch sein Verstand gerade im Begriff waren, sich aufzulösen? Vielleicht sollte er mit jemandem reden, dem Schulpsychologen oder dem Schulpolizisten. Aber er wusste, alles was über seine Lippen kommen würde, klang einfach nur gefährlich irre. Wie sollte er einen Polizisten überzeugen, dass sein Vater verschwunden war, wenn alle das gelbe Kaninchen so behandelten, als sei es Oswalds Vater.

Es gab niemanden, der ihm helfen konnte. Oswald würde sich selbst überlegen müssen, wie er dieses Problem lösen konnte.

In der Pause saß er auf einer Bank beim Spielplatz, dankbar, mal nicht so tun zu müssen, als würde er einem

Lehrer lauschen, um nur nachdenken zu können. Konnte sein Leben noch verrückter werden? Das gelbe Ding schien zu glauben, es sei sein Vater. Das war schon irre genug, aber warum glaubten alle anderen auch, dass es sein Vater war?

„Kann ich mich dazusetzen?“ Es war ein Mädchen, das Oswald noch nie zuvor gesehen hatte. Es hatte lockiges schwarzes Haar und große braune Augen und hielt ein dickes Buch in der Hand.

„Ja, klar“, erwiderte Oswald.

Das Mädchen setzte sich ans andere Ende der Bank und schlug sein Buch auf. Oswald vertiefte sich wieder in seine verwirrten, seine verwirrenden Gedanken.

„Gehst du schon lange auf diese Schule?“, fragte ihn das Mädchen nach ein paar Minuten. Es blickte nicht zu ihm hinüber, während er sprach, sondern sah weiter in die Seiten seines Buches. Oswald fragte sich, ob das Mädchen wohl schüchtern war.

„Seit der ersten Klasse“, erwiderte Oswald und dann, weil ihm einfach nichts anderes einfiel, was er über sich sagen konnte, fragte er: „Was liest du?“

„Griechische Mythologie“, erwiderte sie. „Geschichten über Helden. Hast du schon viele solche Sachen gelesen?“

„Nein, nicht wirklich“, entgegnete er und kam sich sofort ziemlich dämlich vor. Er wollte nicht wie ein Junge erscheinen, der nie Bücher las. Verzweifelt fügte er hinzu: „Aber ich lese gern“, und dabei kam er sich noch dämlicher vor.

„Ich auch“, sagte sie. „Ich habe dieses Buch bestimmt

ein Dutzend Mal gelesen. Irgendwie tröstet es mich. Ich lese darin, wenn ich tapfer sein muss."

Das Wort *tapfer* traf in Oswald einen Nerv. Tapfer war genau das, was er sein musste. „Wie kommt das?"

„Die griechischen Helden sind super tapfer. Sie kämpfen immer gegen irgendein riesiges Monster wie den Minotaurus oder die Hydra. Das relativiert dann immer alles, weißt du? Egal, wie schlimm meine eigenen Probleme sind, wenigstens muss ich nicht gegen ein Monster kämpfen."

„Ja", erwiderte Oswald, obwohl er sich sofort überlegte, wie er wohl mit einem Monster – einem gelben, langohrigen Monster – in seinem eigenen Haus kämpfen könnte. Aber von dem gelben Ding konnte er diesem Mädchen nichts erzählen. Es würde glauben, dass er verrückt war und schnell das Weite suchen. „Du liest das Buch also, wenn du tapfer sein musst." Wenn man bedachte, wie sich seine Gedanken eigentlich überschlugen, wunderte es ihn selbst, dass er dieses Gespräch führen konnte. Aus irgendeinem Grund war es einfach, mit dem Mädchen zu reden. „Ich meine, es geht mich vielleicht nichts an, aber ich frage mich, warum du … warum du tapfer sein musst."

Ein kleines Lächeln umspielte ihren Mund. „Der erste Tag an einer neuen Schule, der dritte Tag in einer neuen Stadt. Ich kenne noch niemanden."

„Doch, das tust du", erwiderte er. Er streckte seine Hand aus. „Ich bin Oswald." Er wusste nicht, warum er ihr seine Hand hinhielt wie ein Geschäftsmann, aber es kam ihm irgendwie richtig vor. Sie ergriff seine Hand erstaunlich fest. „Ich bin Gabrielle."

Irgendwie war dies genau das Gespräch, das er gebraucht hatte.

Nach der Schule nahm er den Bus. Als er ins Haus kam, saugte das gelbe Ding gerade das Wohnzimmer.

Fragen stellte Oswald keine mehr. Antworten waren von den Kaninchen ja offenbar ohnehin nicht zu erwarten, und wenn sein Plan funktionieren sollte, musste er sich sowieso verhalten, als sei alles normal. Und jeder, der ihn im Theaterstück der vierten Klasse gesehen hatte, wusste, dass Schauspielerei nicht unbedingt zu seinen Talenten gehörte.

Stattdessen tat er das, was von ihm erwartet wurde, wenn sein richtiger Vater das Wohnzimmer saugte. Er holte einen Staubwedel aus der Abstellkammer und staubte den Couchtisch, die Beistelltische und die Lampen ab. Er leerte den Papierkorb und richtete die Kissen auf der Couch. Er ging in die Küche und holte den Müll. Sobald er draußen war, wäre er am liebsten weggelaufen, aber er wusste, das war keine Lösung. Jeder betrachtete das gelbe Ding als seinen Vater, niemand würde ihm helfen.

Das gelbe Ding würde ihn immer zu fassen bekommen.

Er ging wieder ins Haus.

Nachdem er seine Pflichten erledigt hatte, ging er direkt an dem gelben Ding vorbei. „Ich ruhe mich vor dem Abendessen noch ein bisschen aus“, sagte er, obwohl es ihm unvorstellbar erschien, sich in irgendeiner Weise entspannen zu können. Er ging in sein Zimmer, schloss aber die Tür nicht. Stattdessen zog er die Schuhe aus, legte sich aufs Bett und begann in seinem Skizzenbuch zu zeichnen.

Eigentlich wollte er keine mechanischen Tiere zeichnen, aber etwas anderes schien ihm nicht zu gelingen. Er legte das Skizzenbuch weg und begann, ein Manga zu lesen, oder zumindest tat er so. *Normalität.* Der Plan konnte nur funktionieren, wenn er sich verhielt, als sei alles normal.

Als das Kaninchen in seiner Tür erschien, gelang es ihm, nicht nach Luft zu schnappen. Es winkte ihm mit der Pfote genauso, wie er es getan hatte, als es ihm den Raum mit den toten Kindern im Freddy Fazbear's gezeigt hatte, und Oswald folgte ihm in die Küche. Auf dem Tisch befand sich eine der Pizzen aus dem Supermarkt, die sein Vater immer in der Tiefkühltruhe hatte. Sie war goldbraun gebacken. Dazu gab es zwei Gläser von dem Fruchtpunsch, den Oswald so mochte. Die Pizza war bereits in Stücke geschnitten, was ihn erleichterte, denn er wusste nicht, was er getan hätte, wenn das Ding mit einem Messer vor ihm aufgetaucht wäre. Wahrscheinlich wäre er schreiend hinaus auf die Straße gelaufen.

Oswald setzte sich an den Tisch und nahm sich ein Stück Pizza. Er hatte keinen besonderen Appetit, aber er wusste, er durfte sich nichts anmerken lassen. Er biss in die Pizza und nahm einen Schluck von dem Punsch. „Willst du gar nichts essen … Dad?“, fragte er. Es war nicht leicht, das Ding *Dad* zu nennen, aber er schaffte es.

Das gelbe Ding setzte sich schweigend ihm gegenüber mit seinen ausdruckslosen Augen und dem eingefrorenen Grinsen. Vor ihm stand ein Teller mit einem unberührten Stück Pizza, daneben ein unberührtes Glas Punsch.

Kann es überhaupt essen?, fragte sich Oswald. Musste

es das? Was war das Ding überhaupt? Zuerst hatte er gedacht, es sei ein Mann in einem Kostüm, aber jetzt war er sich nicht mehr so sicher. War es vielleicht ein hochentwickeltes animatronisches Tier oder ein richtiges Riesenkaninchen aus Fleisch und Blut? Er wusste nicht, was davon ihn mehr erschrecken würde.

Mit großer Mühe aß er die Pizza auf und trank den Punsch, dann sagt er: „Danke für das Abendessen, Dad. Ich hole mir jetzt noch ein Glas Milch und mache mich dann an meine Hausaufgaben."

Das gelbe Ding saß einfach nur da.

Oswald ging zum Kühlschrank. Er vergewisserte sich, dass das Kaninchen ihn nicht beobachtete und schüttete etwas Milch in eine Schüssel. Als er in seinem Zimmer war, schloss er die Tür nicht ab, denn das würde er auch nicht tun, wenn er mit seinem Vater zu Hause war. *Normalität.* Er wollte kein Misstrauen erregen.

Er schob die Schüssel mit Milch unter sein Bett, wo Jinx sich immer noch versteckte. „Es wird alles gut, Mädchen", flüsterte er.

Er hoffte, er würde Recht behalten.

Nach ein paar Minuten, er saß inzwischen auf dem Bett, hörte er, wie Jinx die Milch aufschlabberte. Er wusste aus der Vergangenheit, dass sie, selbst wenn sie Angst hatte, Milch und allem, was daraus hergestellt wurde, grundsätzlich nicht widerstehen konnte. Er machte einen halbherzigen Versuch, seine Hausaufgaben zu erledigen, aber er konnte sich nicht konzentrieren. Er dachte die ganze Zeit nur an seinen Vater. Das gelbe Ding hatte ihn in die Grube gezogen. Bedeutete das, dass Vater jetzt im Freddy Fazbear's von 1985 war und zwischen den Games herumwanderte, die er als Kind gespielt hatte? Das war die wahrscheinlichste Erklärung, es sei denn, das gelbe Ding hatte ihn …

Nein. Daran durfte er nicht mal denken. Sein Vater lebte. Er musste einfach leben. Und der einzige Weg, sich zu vergewissern, bestand darin, wieder in die Grube zu tauchen.

Doch zuerst musste es ihm gelingen, das Haus zu verlassen, ohne dass das gelbe Ding es bemerkte.

Oswald wartete, bis es dunkel war und dann noch ein bisschen länger. Schließlich griff er sich seine Schuhe und schlich auf Socken aus seinem Zimmer und durch den Flur. Die Tür zum Schlafzimmer seiner Eltern stand offen. Er warf einen Blick hinein. Das gelbe Ding lag auf dem Rücken auf dem Bett seiner Eltern. Es schien an die Decke zu starren.

Oder vielleicht starrte es auch gar nicht. Vielleicht schlief es. Das war schwer zu sagen, da es nie die Augen schloss. Brauchte es überhaupt Schlaf?

Mit angehaltenem Atem schlich er am Zimmer seiner Eltern vorbei und tappte auf Zehenspitzen in die Küche. Falls das gelbe Ding ihn erwischen sollte, konnte er immer noch sagen, dass er sich etwas Wasser holen wollte. Die Küche war der beste Fluchtweg. Die Hintertür dort quietschte nicht so laut wie die Eingangstür.

Er schlüpfte in seine Schuhe und zog die Tür Zentimeter für Zentimeter auf. Als sie weit genug offen stand, schlüpfte er hinaus und schloss sie sanft hinter sich.

Dann rannte er los. Er rannte an Nachbarn vorbei, die ihre Hunde ausführten, und an Kindern, die Fahrrad fuhren. Einige Leute guckten Oswald befremdet an, und er wusste nicht warum. Bei ihm in der Gegend rannten ständig Leute.

Aber dann erkannte er, dass er nicht lief wie jemand, der trainierte. Er lief wie jemand, der gejagt wurde. Und vielleicht war genau das auch der Fall.

Zu Fuß war es eine ganze Ecke bis zu Jeff's Pizza, und Oswald wusste, er würde das Tempo nicht die ganze Zeit durchhalten können. Nachdem er ein Viertel hinter sich gelassen hatte, wurde er langsamer. Er beschloss, Seitenstraßen zu nehmen anstatt dem direkten Weg zu folgen, damit es schwieriger war, ihm auf der Spur zu bleiben.

Er fürchtete, dass Jeff's Pizza geschlossen sein könnte, wenn er dort ankam, doch als er das Restaurant erreichte, verschwitzt und außer Atem, war es immer noch hell erleuchtet. Drinnen stand Jeff an der Theke und sah sich eine Sportsendung an, aber abgesehen davon war der Laden leer.

„Du weißt, dass wir abends nur ganze Pizzen verkaufen. Keine Stücke", sagte Jeff in seiner typisch monotonen Art. Und wie immer wirkte er müde.

„Ja, ich wollte mir nur eben eine Limo mitnehmen", erwiderte Oswald, während sein Blick zu dem abgesperrten Bällebad glitt.

Jeff wirkte ein wenig verwirrt, doch schließlich sagte er: „Okay, ich muss eben nur eine Pizza aus dem Ofen holen, dann bringe ich dir die Limo. Orange, oder?"

„Genau. Danke."

Sobald Jeff in der Küche verschwunden war, lief Oswald zu dem Bällebad und tauchte hinein.

Der vertraute muffige Geruch füllte seine Nase, während er unter die Oberfläche sank. Er saß auf dem Boden der Grube. Er zählte bis hundert, wie er es immer getan hatte, obwohl er sich nicht sicher war, ob er tatsächlich dadurch in das Freddy Fazbear's von 1985 springen konnte. Er drehte sich auf dem Boden der Grube und spürte, wie etwas Festes gegen seinen Rücken drückte.

Ein Schuh. Es fühlte sich an wie die Sohle eines Schuhs. Er fuhr herum und packte sie. Es war ein Stiefel mit Stahlkappe, wie sein Vater ihn immer bei der Arbeit in der Fabrik getragen hatte und ihn auch jetzt für seinen Job im Imbisscenter anzog. Mit der Hand fuhr er ein Stück hinauf. Ein Fußgelenk! Ein Fußgelenk in einer dicken Socke, wie sein Vater sie mochte. Er kroch weiter über den Boden der Grube. Das Gesicht. Er musste das Gesicht berühren. Wenn es ein riesiger pelziger Kopf wie der des gelben Kaninchens war, würde er vielleicht nie wieder aufhören zu schreien. Aber er musste es herausfinden.

Seine Hand ertastete eine Schulter. Er fuhr zur Brust und spürte den billigen Stoff eines weißen Unterhemds. Er zitterte, als er seine Hand weiter nach oben gleiten ließ und ein eindeutig menschliches Gesicht berührte. Haut und Bartstoppeln. Das Gesicht eines Mannes. War es Vater, und war er …?

Er musste leben. Er musste es einfach.

Oswald hatte Sendungen im Fernsehen gesehen, wo

Menschen, die sich in einer Notsituation befunden hatten, plötzlich unglaubliche Kräfte entwickelten und ein Auto oder einen Trecker hatten anheben können. Das war genau die Art von Kraft, die Oswald jetzt brauchte. Sein Vater war kein großer Mann, aber er war immer noch ein Mann und wog mindestens doppelt so viel wie sein Sohn. Er musste seinen Vater herausziehen, wenn er ihn retten wollte.

Wenn dies denn sein Vater war. Und nicht irgendein grausamer Streich des gelben Dings, um ihn in eine Falle zu locken. Doch an all diese Dinge durfte Oswald nicht denken, nicht, wenn er das schaffen wollte, was er tun musste.

Er kroch hinter die Gestalt, packte sie unter den Armen und zog. Nichts geschah. *Totes Fleisch*, dachte Oswald. *Nein, bitte nicht tot … nicht tot.*

Er zog erneut, diesmal mit mehr Kraft und stieß einen Laut aus, der irgendwo zwischen einem Grunzen und einem Brummen lag. Diesmal bewegte sich der Körper, und Oswald zog erneut, stand auf und schaffte es, den Kopf und die Schultern über die Oberfläche des Bällebads zu hieven. Es war sein Vater. Blass und bewusstlos zwar, aber er atmete. Er atmete eindeutig. Und um sie herum befand sich nicht das Freddy Fazbear's von 1985, sondern die seltsame Einrichtung von Jeff's Pizza.

Wie sollte Oswald ihn nach draußen bekommen? Er könnte Mutter anrufen. Als Krankenschwester würde sie wissen, was zu tun war. Doch was, wenn sie dachte, er sei verrückt oder er würde lügen?

Er spürte sie, bevor er sie sah. Eine Gestalt, hinter sich.

Bevor er sich umdrehen konnte, schlangen sich zwei gelbe Arme in einer beängstigenden Umklammerung um seinen Körper.

Er bekam seinen rechten Arm so weit frei, dass er dem gelben Ding seinen Ellbogen in den Leib rammen konnte. Er konnte sich befreien, aber das Ding versperrte den Ausgang aus dem Bällebad. Er konnte die Grube nicht verlassen, schon gar nicht mit dem in seinen Armen liegenden ohnmächtigen Vater.

Ohne lange darüber nachzudenken, stürmte Oswald mit gesenktem Kopf auf das Kaninchen zu. Wenn er es nur aus dem Gleichgewicht bringen konnte oder unter die Oberfläche drücken, dann würde es vielleicht im Freddy Fazbear's von 1985 landen, und Oswald und sein Vater hätten Zeit gewonnen, um zu entkommen.

Mit dem Kopf rammte Oswald das gelbe Ding und warf es in die Absperrseile und Netze, die das Bällebad umgaben. Das Ding wankte ein wenig, richtete sich dann aber auf und stürzte sich mit vorgestreckten Armen auf Oswald. Wieder drückte es Oswald gegen den Rand der Grube. Die Augen blicklos wie immer hakte es seinen Kiefer aus und entblößte eine Doppelreihe aus Reißzähnen, die so scharf waren wie Krummsäbel. Das Maul abnorm aufgerissen versuchte es, Oswald an der Kehle zu packen, aber er wehrte den Angriff mit dem Arm ab.

Schmerz schoss durch Oswalds Unterarm, als das gelbe Ding seine Fänge in seinem Fleisch versenkte.

Mit dem unverletzten Arm boxte Oswald das Kaninchen hart ins Gesicht, bevor die Reißzähne sich festgebissen hatten. Reißzähne! Was für ein verrücktes Kaninchen hatte Reißzähne?

Das Ding ließ Oswald los, aber es war keine Zeit, sich die Wunde anzusehen, denn nun stürzte es sich auf Oswalds Vater, die Kiefer weit aufgerissen, wie eine Schlange, die ihre ahnungslose Beute verschlingen will.

Seine Fänge waren rot von Oswalds Blut.

Mit dem Ellbogen stieß Oswald das gelbe Ding beiseite und drängte sich zwischen das Kaninchen und seinen immer noch bewusstlosen Vater. „Lass … meinen … Vater … in … Ruhe!“, schrie er. Dann warf er sich in das Netz, und als er zurückgeschleudert wurde, landete er auf dem Rücken des gelben Dings. Mit den Fäusten trommelte er auf dessen Kopf ein, versuchte, ihm die Augen auszukratzen, die sich nicht wie die Augen eines lebenden Wesens anfühlten. Das Kaninchen taumelte rücklings in die Netze und Seile. Dann packte es Oswalds Arm, zog ihn von seinem Rücken und warf ihn in hohem Bogen in die Bällegrube.

Mit dem Kopf voran tauchte Oswald in die Bälle und landete auf dem weichen Boden. Seine Arme zitterten, sein ganzer Körper schmerzte, aber er musste aufstehen. Er musste seinen Vater retten. Wie diese alten griechischen Helden, von denen Gabrielle ihm erzählt hatte, musste er tapfer sein und sich dem Monster stellen.

Unsicher erhob sich Oswald auf die Füße.

Das gelbe Ding musste, als es Oswald abgeschüttelt hatte, sich irgendwie in den Seilen und Netzen, die das Bällebad umgaben, verfangen haben. Ein Seil war um seinen

Hals geschlungen. Mit seinen beiden großen Pfoten versuchte es, sich davon zu befreien. Oswald verstand nicht, warum ihm das nicht gelang, bis er bemerkte, dass die Füße des gelben Dings nicht den Boden der Grube berührten. Das gelbe Ding hing in dem Seil, das fest um eine Metallstange über der Grube geschlungen war.

Das Kaninchen hatte sich selbst erhängt. Das Maul öffnete und schloss sich, als würde es um Luft ringen, aber kein Laut ertönte. Mit den Pfoten zerrte es verzweifelt an dem Seil. Sein leerer Blick, immer noch unheimlich wie zuvor, war auf Oswald gerichtet, als würde es ihn um Hilfe bitten.

Doch Oswald würde es ganz sicher nicht retten.

Nachdem das gelbe Ding noch ein paar Sekunden gezappelt hatte, rührte es sich nicht mehr. Oswald blinzelte verblüfft. In dem Seil hing auf einmal nur ein schmutziges, leeres gelbes Kaninchenkostüm.

Sein Vater öffnete die Augen. Oswald eilte an seine Seite.

„Ich begreife nicht, was ich hier mache", sagte sein Vater. Er war bleich und unrasiert, seine Augen waren geschwollen und hatten dunkle Ränder. „Was ist passiert?"

Oswald rang mit sich, was er sagen sollte: *Du bist von einem riesigen bösartigen Kaninchen angegriffen und dann einfach liegen gelassen worden. Es hat versucht, deinen Platz einzunehmen, und ich war der Einzige, der sehen konnte, dass es nicht du warst. Sogar Mom hat gedacht, dass du es bist.*

Nein. Das klang zu verrückt, und Oswald war nicht unbedingt begierig darauf, Jahre in einer Therapie zuzubringen, nur um ständig wiederholen zu müssen: *Aber das Kaninchen hat existiert.*

Jinx war das einzige andere Familienmitglied, das die Wahrheit kannte, aber da sie eine Katze war, würde sie ihm auch kaum beistehen können.

Außerdem hatte sein Vater schon genug gelitten.

Oswald wusste, dass man nicht log. Er wusste auch, dass er nicht gut lügen konnte. Wenn er es versuchte, wurde er immer ganz nervös und schwitzte und sagte ständig „Äh“. Aber in dieser besonderen Situation war eine Lüge vielleicht der einzige Ausweg. Er holte tief Luft.

„Also … äh … ich habe mich im Bällebad versteckt, um dir einen Streich zu spielen, was ich nicht hätte tun sollen. Du hast mich gesucht, und ich denke, du hast dir den Kopf gestoßen und das Bewusstsein verloren.“ Oswald atmete einmal tief durch. „Es tut mir leid, Dad. Ich wollte nicht, dass die Sache so aus dem Ruder läuft.“

Zumindest das entsprach der Wahrheit.

„Entschuldigung angenommen, mein Sohn“, sagte sein Vater. Er klang nicht wütend, nur müde. „Aber du hast recht, das hättest du nicht tun sollen. Und Jeff sollte sich von diesem Bällebad trennen, bevor er noch eine Klage am Hals hat.“

„Auf jeden Fall“, erwiderte Oswald. Er wusste, er würde nie wieder einen Fuß in die Grube setzen. Zwar würde er Chip und Mike vermissen, aber er musste in seiner eigenen Zeit Freunde finden.

In Gedanken sah er wieder das Mädchen vor sich, das in der Pause bei ihm auf der Bank gesessen hatte. Gabrielle.

Sie schien nett zu sein. Und klug. Sie hatten sich gut unterhalten.

Oswald griff nach der Hand seines Vaters. „Lass mich dir aufhelfen."

Mit Oswalds Unterstützung erhob sich sein Vater und stieg aus der Bällegrube. Dann hielt er inne und blickte hinauf zu dem gelben Kostüm. „Was ist das für ein unheimliches Ding?"

„Ich habe keine Ahnung", erwiderte Oswald.

Und auch das war die Wahrheit.

Gemeinsam ließen sie die Grube hinter sich und gingen durch Jeff's Pizza. Jeff wischte gerade den Tresen ab. Er folgte immer noch der Sportsendung. Hatte Jeff denn überhaupt nichts gesehen oder gehört?

Vater hielt immer noch Oswalds Hand – wann hatten sie sich zum letzten Mal an den Händen gehalten? Dann hob er plötzlich den Arm seines Sohnes, um ihn sich näher anzusehen. „Du blutest."

„Ja", antwortete Oswald. „Ich muss mir den Arm aufgerissen haben, als ich versucht habe, dich aus der Grube zu ziehen."

Sein Vater schüttelte den Kopf. „Wie ich schon gesagt habe, das Ding ist nicht sicher. Ein Schild aufzustellen, das davor warnt, reicht nicht." Er ließ Oswalds Arm los. „Zu Hause machen wir deinen Arm sauber, und dann kann deine Mutter die Wunde verbinden, sobald sie von der Arbeit nach Hause kommt."

Oswald fragte sich, was seine Mutter wohl sagen würde, wenn sie die Abdrücke der Reißzähne sah.

Während sie zur Tür gingen, meinte Oswald: „Dad, ich weiß, dass ich manchmal ganz schön nerven kann, aber ich hab dich wirklich lieb, weißt du."

Sein Vater blickte ihn berührt und überrascht an. „Ich dich auch, mein Sohn." Er fuhr Oswald durchs Haar. „Aber was Science-Fiction-Filme angeht, hast du wirklich einen fürchterlichen Geschmack."

„Ach ja?", erwiderte Oswald lächelnd. „Und du hast einen fürchterlichen Geschmack, was Musik angeht. Und du liebst total langweilige Eiscreme."

Gemeinsam traten sie hinaus in die kühle Nachtluft.

Hinter ihnen rief Jeff: „Hey Junge! Du hast deine Limo vergessen!"

ENDLICH SCHÖN

Flach und fett. Das waren die beiden Worte, die Sarah durch den Kopf gingen, wenn sie in den Spiegel sah. Und das tat sie oft.

Wie konnte jemand mit einem so dicken Bauch an allen anderen Stellen flach wie ein Bügelbrett sein? Andere Mädchen verglichen ihre Figur mit einer Sanduhr oder einer Birne. Sarah war wie eine Kartoffel geformt. Wenn sie ihre Knollennase und ihre abstehenden Ohren betrachtete und wie alle anderen Körperteile scheinbar zufällig zusammengefügt waren, musste sie an die Puppe aus ihrer Kindheit denken, die man auch aus allen möglichen Teilen hatte zusammensetzen können. Puppen, denen man verschiedene Augen, Ohren, Nasen, Münder und andere Körperteile anheften konnte, um sie so witzig aussehen zu lassen, wie man nur wollte.

Anders als die Mädchen in der Schule, die sie die Schönen nannte, hatte Sarah keinen Freund und auch keinerlei Aussicht auf einen. Sicher, es gab einen Jungen, den sie mochte, von dem sie träumte, aber sie wusste, dass er sie weder gut fand noch von ihr träumte. Sie ging davon aus, dass sie einfach warten musste, bis ihr ein ähnlich unglücklich zusammengesetzter Typ über den Weg lief.

Aber in der Zwischenzeit musste sie sich für die Schule fertig machen.

Während sie immer noch vor ihrem ärgsten Feind, dem Spiegel, stand, trug sie etwas Mascara auf und rosa Lipgloss. Zum Geburtstag hatte ihre Mutter ihr endlich erlaubt, ein wenig Make-up zu tragen. Schließlich bürstete sie noch ihr stumpfes mausbraunes Haar kräftig durch. Sie seufzte. Besser würde es nicht werden. Und es war ganz sicher nicht gut.

Die Wände von Sarahs Raum hingen voller Bilder von Models und Popstars, die sie aus Zeitschriften ausgeschnitten hatte. Ihre Augen waren dunkel, ihre Lippen voll, ihre Beine lang. Sie waren schlank, kurvig und selbstbewusst, jung, aber weiblich, und sie trugen Kleidung, von der Sarah nicht einmal träumen konnte. Manchmal, wenn sie sich morgens fertig machte, hatte sie das Gefühl, diese Göttinnen der Schönheit würden voller Enttäuschung auf sie herabblicken. *Oh*, schienen sie zu sagen, *willst du DAS etwa tragen?* Oder: *Mit einer Karriere als Model wird es für dich aber nichts, Süße.* Trotzdem hatte sie die Göttinnen gerne um sich. Wenn ihr aus dem Spiegel schon keine Schönheit entgegenblickte, so konnte sie sie wenigstens an den Wänden betrachten.

In der Küche stand ihre Mutter, bereits angezogen für die Arbeit. Sie trug ein langes, mit Blumen bedrucktes Kleid, und ihre grau melierten Haare hingen offen herab. Ihre Mutter trug nie Make-up oder machte irgendetwas Besonderes mit ihrem Haar, und sie hatte die Tendenz, um die Hüften an Gewicht zuzulegen. Trotzdem, das musste Sarah zugeben, besaß ihre Mutter eine natürliche Schönheit, die ihr selbst fehlte. *Vielleicht überspringen diese Gene eine Generation*, dachte Sarah.

„Hallo Schätzchen", begrüßte ihre Mutter sie. „Ich habe ein paar Bagels geholt. Die mit den Körnern, die du so gerne magst. Soll ich einen für dich toasten?"

„Nein, ich esse nur einen Joghurt", erwiderte Sarah, obwohl ihr bei dem Gedanken an einen warmen Bagel mit Frischkäse das Wasser im Mund zusammenlief. „All die Kohlenhydrate brauche ich nicht."

Mutter verdrehte die Augen. „Sarah, diese kleinen Joghurtbecher, von denen du lebst, haben nur neunzig Kalorien. Es ist ein Wunder, dass du in der Schule nicht vor Hunger umkippst." Herzhaft biss sie in einen der Bagel, den sie für sich selbst zubereitet hatte. An den Seiten quoll Frischkäse heraus. „Außerdem", fügte Mutter mit vollem Mund hinzu, „bist du viel zu jung, um dir wegen Kohlenhydraten Gedanken zu machen."

Und du bist viel zu alt, um dir immer noch Gedanken darum zu machen, hätte Sarah am liebsten gesagt, aber sie hielt sich zurück. Stattdessen meinte sie: „Ein Joghurt und eine Flasche Wasser reichen völlig, um mich bis zum Mittagessen satt zu machen."

„Wie du willst", entgegnete Mutter. „Ich sage dir, dieser Bagel ist wirklich lecker."

An diesem Morgen schaffte sie es ganz im Gegensatz zu ihrer Gewohnheit pünktlich zum Schulbus, und so brauchte sie nicht zu laufen. Sie saß allein und sah sich auf ihrem Smartphone Schmink-Tutorials auf YouTube an. Vielleicht würde Mutter es zu ihrem nächsten Geburtstag erlauben, mehr Make-up aufzutragen als nur Mascara, BB-Cream und farbiges Lipgloss. Dann könnte sie sich alles Notwendige besorgen, um ihre Konturen zu verbessern, ihre Wangenknochen zu betonen und ihre Nase weniger knollig erscheinen zu lassen. Sich die Augenbrauen von einem Profi machen zu lassen, würde ebenfalls helfen. Im Moment fochten sie und ihre Pinzette einen täglichen Kampf gegen eine durchgehende Monobraue.

Vor der ersten Stunde, als sie gerade ihre Bücher aus dem Spind nahm, sah sie sie. Wie Supermodels stolzierten sie den Gang entlang und taten, als befänden sie sich auf dem Laufsteg, und jeder – wirklich *jeder* – hielt inne, um sie zu beobachten. Lydia, Jillian, Tabitha und Emma. Sie waren Cheerleader. Sie waren Königinnen. Sie waren Stars. Sie waren das, was jedes Mädchen in der Schule sein wollte und was jeder Junge in der Schule sich an seine Seite wünschte.

Sie waren Schönheiten.

Jedes einzelne Mädchen hatte eine eigene Ausstrahlung. Lydia hatte blondes Haar, blaue Augen und rosige Haut, während Jillian feuerrotes Haar besaß und katzenhafte grüne Augen. Tabitha war dunkel mit schokoladenbraunen Augen und schimmerndem schwarzen Haar, Emma war brünett und besaß riesige braune Rehaugen. Alle Mädchen hatten lange Haare – um sie effektvoll über die Schulter werfen zu können – und waren schlank, hatten aber ausreichend Kurven, um ihre Kleidung im Brustbereich und um die Hüften entsprechend auszufüllen.

Und dann ihre Klamotten!

Ihre Kleidung war einfach nur schön und stammte aus teuren Geschäften in großen Städten, wo sie ihren Urlaub verbrachten. Heute trugen sie alle schwarz und weiß – ein kurzes schwarzes Kleid mit weißem Kragen und weißen Manschetten für Lydia, ein weißes Oberteil und ein schwarz-weiß getupfter Minirock für Jillian, ein schwarz-weiß gestreiftes …

„Sind das Pinguine?“, riss eine Stimme Sarah aus ihren Gedanken.

„Wie?“ Sarah drehte sich um und entdeckte neben sich Abby, ihre beste Freundin seit dem Kindergarten, die neben ihr stand. Sie trug eine Art übergroßen Poncho und einen langen weiten Rock mit Blumenmuster. Sie sah aus, als würde sie beim Schulfest als Hellseherin auftreten.

„Ich sagte, sie sehen aus wie Pinguine“, wiederholte Abby. „Dann wollen wir mal hoffen, dass keine hungrigen Seelöwen in der Nähe sind.“ Sie stieß ein lautes Bellen aus, dann lachte sie.

„Du bist doch verrückt“, entgegnete Sarah. „Ich finde, sie sehen perfekt aus.“

„Das findest du immer“, erwiderte Abby. Sie presste ihre Schulbücher gegen die Brust. „Und ich habe auch eine Theorie, warum das so ist.“

„Du hast zu allem eine Theorie“, meinte Sarah. Und das stimmte. Abby wollte Wissenschaftlerin werden, und all diese Theorien würden ihr wahrscheinlich eines Tages zupasskommen, wenn sie an ihrer Doktorarbeit schrieb.

„Weißt du noch, wie wir früher immer mit unseren Barbies gespielt haben?“, fragte Abby.

Als sie noch klein gewesen waren, hatten Sarah und Abby jeder einen pinkfarbenen Rollkoffer voller Barbies und ihrer verschiedenen Kleidungsstücke und Accessoires gehabt. Abwechselnd hatten sie sich bei Abby oder bei Sarah getroffen und stundenlang gespielt und nur eine Pause eingelegt, wenn sie etwas trinken oder essen wollten. Damals war das Leben so einfach gewesen.

„Ja“, sagte Sarah. Abby hatte sich seit damals kaum verändert. Sie trug ihr Haar immer noch zu den gleichen Zöpfen geflochten und hatte immer noch eine goldene Drahtgestellbrille. Eine Zahnspange und ein paar Zentimeter mehr, was ihre Größe anging, waren die einzigen Unterschiede zu damals. Aber wenn Sarah Abby anblickte, konnte sie immer noch Schönheit erkennen. Ihre Freundin besaß eine makellose hellbraune Haut und überraschend braune Augen hinter der Brille. Sie nahm nach der Schule Tanzunterricht und hatte eine elegante, schlanke Figur, auch wenn sie die unter mächtigen Ponchos und anderen sackartigen Kleidungsstücken verbarg. An Sarah dagegen war nichts schön, und das quälte sie. Abby besaß durchaus Potenzial, doch das fiel nicht auf, weil es sie einfach nicht kümmerte.

„Meine Theorie ist“, fuhr Abby fort und wurde ganz lebhaft wie immer, wenn sie dozierte, „dass du unglaublich gern mit Barbies gespielt hast, aber jetzt, wo du zu alt dafür bist, brauchst du einen Barbie-Ersatz. Diese hohlköpfigen Modepüppchen sind dein Barbie-Ersatz. Deswegen möchtest du mit ihnen spielen."

Spielen? Manchmal schien es, als sei Abby immer noch ein kleines Mädchen.

„Ich will nicht mit ihnen spielen", entgegnete Sarah obwohl sie nicht sicher war, ob das wirklich stimmte. „Ich bin zu alt, um mit irgendjemandem zu spielen. Ich … bewundere sie einfach, das ist alles."

Abby verdrehte die Augen. „Was gibt es da zu bewundern? Dass sie dazu in der Lage sind, ihren Lidschatten so auszusuchen, dass er zu ihrem Outfit passt? Wenn du nichts dagegen hast, bewundere ich lieber weiter Marie Curie und Rosa Parks."

Sarah lächelte. Abby war schon immer eine Streberin gewesen. Eine liebenswerte Streberin, aber immer noch eine Streberin. „Du hast dich noch nie wirklich für Mode interessiert. Ich weiß noch, wie du mit meinen Barbies umgegangen bist."

Abby erwiderte das Grinsen. „Also einer hab ich eine Glatze geschnitten. Und dann war da noch die, der ich das Haar mit einem Filzstift grün gefärbt hab. Danach sah sie aus wie eine verrückte Superschurkin." Sie wackelte mit den Augenbrauen. „Also, wenn ich mit unseren kleinen Königinnen genauso spielen darf, hätte ich vielleicht Interesse."

Sarah lachte. „Du bist diejenige, die eine Superschurkin ist."

„Nein", erwiderte Abby, „nur eine Neunmalkluge. Weswegen ich auch viel witziger bin als diese Cheerleader." Abby winkte kurz und dann eilte sie in den Unterricht.

Beim Mittagessen saß Sarah gegenüber von Abby. Es war Freitag, an dem es immer Pizza gab, und auf Abbys Tablett befanden sich ein rechteckiges Stück Pizza, wie die Schulküche es ausgab, ein Becher Fruchtsaft und eine kleine Tüte Milch. Die Pizza in der Schule war nicht unbedingt die beste, aber es war immerhin noch Pizza und deswegen nicht schlecht. Allerdings mit zu vielen Kohlenhydraten. Sarah hatte sich dagegen an der Salatbar bedient und sich einen grünen Salat mit fettarmer Vinaigrette besorgt. Ranch-Dressing mochte sie sehr viel lieber als Vinaigrette, aber das Zeug hatte einfach zu viele Kalorien.

Die anderen Schüler am Tisch waren die typischen Streber, die schnell ihr Mittagessen vertilgten, damit sie noch Karten spielen konnten, bis es wieder klingelte. Sarah wusste, dass die Schönen „Verlierertisch" dazu sagten.

Mit ihrer stumpfen Plastikgabel stocherte Sarah in ihrem Salat herum. „Was würdest du tun", fragte sie Abby, „wenn du eine Million Dollar hättest?"

Abby grinste. „Oh, das ist leicht zu beantworten. Zuerst würde ich …"

„Warte", unterbrach Sarah, weil sie ungefähr wusste, was Abby sagen würde. „Du darfst es keiner gemeinnützigen Organisation spenden oder den Obdachlosen oder irgendwas in der Art. Du darfst es nur für dich selbst ausgeben."

Abby lächelte. „Und da es nur Fantasiegeld ist, muss ich auch kein schlechtes Gewissen haben."

„Genau“, erwiderte Sarah und kaute krachend auf einer Babymöhre herum.

„Okay.“ Abby biss ein Stück von ihrer Pizza ab und kaute nachdenklich. „Also in dem Fall, würde ich reisen. Zuerst nach Paris, denke ich, mit meiner Mutter und meinem Vater und meinem Bruder. Wir würden in einem tollen Hotel wohnen und zum Eiffelturm gehen und in den Louvre und in den besten Restaurants essen und uns in einem schicken Café den Bauch mit Kuchen vollschlagen und Leute beobachten. Was würdest du damit machen?“

Sarah schob ihren Salat auf dem Teller herum. „Ich würde mir die Zähne professionell weißen lassen, dann würde ich in einen teuren Friseursalon gehen und mein Haar schneiden und färben lassen. Blond, aber so, dass es echt aussieht. Ich würde zur Kosmetik gehen und mich mal richtig schminken lassen mit teurem Make-up, nicht mit dem billigen Zeug aus dem Supermarkt. Und ich würde mir die Nase machen lassen. Es gibt auch noch andere Schönheitsoperationen, die ich gut fände, aber ich glaube nicht, dass sie die bei einer Jugendlichen durchführen.“

„Und das sollten sie auch nicht!“, entgegnete Abby. Sie schien schockiert, als habe Sarah etwas wirklich Schlimmes gesagt. „Im Ernst, du würdest all die Schmerzen aushalten, nur um dein *Äußeres* zu verändern? Mir haben sie die Mandeln rausgenommen, und das war fürchterlich. Wenn ich es entscheiden kann, werde ich mich nie wieder operieren lassen.“ Eindringlich blickte sie Sarah an. „Was ist denn nicht in Ordnung mit deiner Nase?“

Sarah fasste nach ihrer Nase. „Sieht man das nicht? Sie ist riesig."

Abby lachte. „Nein, das ist sie nicht. Es ist eine ganz normale Nase. Eine nette Nase. Und wenn du mal genau darüber nachdenkst, hat überhaupt irgendjemand eine schöne Nase? Nasen sind irgendwie komisch. Ich persönlich mag Tiernasen lieber als die von Menschen. Mein Hund hat eine wirklich süße Nase."

Sarah warf einen schnellen Blick hinüber zum Tisch der Schönen. Alle besaßen sie perfekte kleine Nasen, bewundernswerte kleine Knöpfe. Nicht eine von ihnen hatte eine Knolle wie sie.

Auch Abby blickte hinüber zu dem Tisch.

„Oh, schon wieder die Pinguine. Okay, weißt du, das Problem bei Pinguinen ist, dass sie vielleicht niedlich aussehen, aber alle gleich. Du bist eine Persönlichkeit, und so solltest du auch aussehen."

„Ja, eine hässliche Persönlichkeit", erwiderte Sarah und schob ihren Salatteller von sich.

„Nein, eine nett aussehende Persönlichkeit, die sich zu viel Gedanken über ihr Äußeres macht." Abby legte ihre Hand auf Sarahs Unterarm. „Du hast dich in den letzten paar Jahren sehr verändert, Sarah. Wir haben immer über Bücher und Filme und Musik geredet. Jetzt möchtest du nur noch darüber sprechen, wie du nicht aussehen willst und über die Klamotten und Frisuren und das Make-up, dass du dir gern leisten können würdest. Und anstelle der Bilder von den niedlichen Tierbabys, die du früher an deine Wand gehängt hast, ist jetzt alles nur noch voll mit Fotos von diesen dürren Models. Ich mochte die Tierbabys viel lieber.“

Sarah spürte, dass Wut in ihr aufstieg wie bittere Galle. Wie konnte Abby es wagen, so über sie zu urteilen? Freunde sollten so etwas niemals tun. Sie stand auf. „Du hast recht, Abby“, sagte sie so laut, dass die anderen Leute am Tisch sich nach ihr umdrehten. „Ich habe mich verändert. Ich bin erwachsen geworden und du nicht. Ich denke über erwachsene Sachen nach, und du kaufst immer noch Sticker und siehst dir Zeichentrickfilme an und zeichnest Pferde!“

Sarah war so wütend, dass sie einfach davonmarschierte und ihr Tablett auf dem Tisch stehen ließ, sodass es nun jemand anderes wegräumen musste.

Als die Schule vorbei war, hatte Sarah einen Plan. Sie würde nicht mehr am Verlierertisch sitzen, weil sie keine Verliererin mehr sein würde. Sie würde so beliebt und hübsch sein, wie sie nur konnte.

Sobald sie zu Hause war, nahm sie ihr Geld aus der Kommode, wo sie es aufbewahrte. Sie hatte noch zwanzig Dollar Geburtstagsgeld von ihrer Großmutter und zehn von ihrem Taschengeld. Das reichte.

Die Drogerie lag ungefähr einen Fußmarsch von fünfzehn Minuten entfernt. Sie konnte dort hingehen und wieder zurückkommen und tun, was sie tun musste, bevor ihre Mutter um sechs nach Hause kam.

Die Drogerie war hell erleuchtet, und ein Regal mit Schönheitsprodukten reihte sich an das andere. Da waren Bürsten und Lockenstäbe, Nagellack und Make-up. Sie ging in den Gang, über dem *Haarfarben* stand. Sie brauchte keine Million, um blond zu werden. Sie würde das für einen Zehner hinbekommen und trotzdem granatenmäßig aussehen. Sie entschied sich für eine Packung mit der Aufschrift *Platin Pur*, die das Bild eines lächelnden Models mit langem, schimmerndem weiß-goldenen Haar zierte. Wunderschön.

Die Frau an der Kasse hatte eindeutig leuchtend rot gefärbtes Haar und trug falsche Wimpern, wodurch sie aussah wie eine Giraffe. „Wenn du möchtest, dass dein Haar aussieht wie auf dem Bild, musst du es zuerst bleichen“, sagte sie.

„Es bleichen …? Wie denn?“, fragte Sarah. Ihre Mutter benutzte manchmal Bleiche, um die Fußböden zu reinigen. Aber das war wohl nicht dasselbe.

„Dafür brauchst du das Peroxid, das hinten in Gang zwei steht“, erwiderte die Kassiererin.

Als Sarah mit der Plastikflasche zurückkehrte, blickte die Frau sie aus zusammengekniffenen Augen an. „Weiß deine Mama, dass du dir die Haare färben willst, Schätzchen?“

„Oh, sicher“, entgegnete Sarah, ohne ihr in die Augen zu sehen. „Sie hat nichts dagegen.“ In Wirklichkeit hatte Sarah keine Ahnung, ob ihre Mutter etwas dagegen hatte oder nicht. Aber das würde sie ja bald herausfinden.

„Dann ist es ja gut“, sagte die Frau und tippte Sarahs Einkauf in die Kasse. „Vielleicht kann sie dir helfen. Achte darauf, dass du die Farbe gleichmäßig und großzügig aufträgst.“

Wieder zu Hause schloss Sarah sich im Badezimmer ein und las die Anwendungshinweise auf der Packung. Sie klangen einfach. Sie zog die Plastikhandschuhe an, die dabei gewesen waren, legte sich ein Handtuch um die Schultern und arbeitete das Peroxid in ihr Haar ein. Sie war sich nicht sicher, wie lange sie das Peroxid einwirken lassen musste, deswegen setzte sie sich auf den Rand der Badewanne und spielte ein wenig auf ihrem Telefon, während sie gleichzeitig ein paar YouTube-Tutorials übers Schminken ansah.

Zuerst begann ihre Kopfhaut zu jucken. Dann fing sie an zu brennen. Es schmerzte, als hätte ihr jemand eine Hand voll brennender Streichhölzer ins Haar geworfen. Schnell tippte sie in ihr Handy: *Wie lange Peroxid im Haar lassen?*

Die Antwort lautete: *Nicht länger als dreißig Minuten.*

Wie lange hatte sie es drin gelassen? Sie sprang auf, griff nach der Dusche, drehte das kalte Wasser voll auf, beugte den Kopf über die Wanne und begann zu spülen. Das eisige Wasser beruhigte ihre brennende Kopfhaut.

Als sie in den Badezimmerspiegel blickte, war ihr Haar vollkommen weiß, als wäre sie viel zu früh zur alten Frau geworden. Das Badezimmer stank nach Bleiche. Ihr lief die Nase und ihre Augen tränten. Sie stellte das Fenster auf Kipp und öffnete die Flasche mit der Haarfarbe.

Es war an der Zeit, ihre Transformation zu vollenden.

Sie mischte die Zutaten des Färbemittels in der Flasche und verteilte die Mixtur überall auf ihrem Haar. Dann stellte sie den Wecker in ihrem Telefon, sodass er in zwanzig

Minuten klingeln würde, und wartete. Wenn ihre Mutter nach Hause kam, würde sie wie ein anderer Mensch aussehen.

Zufrieden spielte sie auf ihrem Telefon, bis der Wecker summte, dann spülte sie mit der Dusche den Rest der Farbe aus. Mit dem Conditioner, der auch in der Packung gewesen war, hielt sie sich gar nicht erst auf, weil sie viel zu gespannt auf das Ergebnis war. Sie trocknete das Haar ab und trat vor den Spiegel, um sich ihre Verwandlung anzusehen.

Dann schrie sie.

Sie schrie so laut, dass der Hund des Nachbarn anfing zu bellen. Ihr Haar war nicht platinblond, sondern abwassergrün. Sofort dachte sie an Abby, wie sie, als sie noch klein gewesen waren, das Haar einer ihrer Barbies mit einem grünen Filzstift eingefärbt hatte. Jetzt war *sie* diese Barbie.

Wie konnte das sein? Wie konnte sie sich hübscher machen wollen und am Ende noch hässlicher sein als zuvor? Warum war das Leben so unfair? Sie lief in ihr Zimmer, warf sich aufs Bett und heulte. Sie musste sich in einen unruhigen Schlaf geweint haben, denn das Nächste, woran sie sich erinnerte, war, dass ihre Mutter bei ihr auf der Bettkante saß und fragte: „Was ist denn hier passiert?"

Sarah blickte auf. Sie konnte den Schock in den Augen ihrer Mutter sehen. „Ich … ich habe versucht, mir die Haare zu färben", schluchzte Sarah. „Ich wollte blond sein, aber ich habe … ich habe …"

„Du bist grün. Das sehe ich", erwiderte ihre Mutter. „Eigentlich sollte ich ja sagen, es hat Konsequenzen, wenn du dein Haar färbst, ohne mich zu fragen, aber ich denke, die musst du gerade ohnehin ertragen. Trotzdem wirst du das Badezimmer aufräumen. Und dann sehen wir mal, was wir tun können, damit du nicht mehr aussiehst wie … ein Marsmännchen." Sie berührte Sarahs Haar. „Es fühlt sich an wie Stroh. Pass mal auf, zieh dir Schuhe an. Der Friseur im Einkaufszentrum müsste noch offen haben. Vielleicht können die das richten."

Sarah schlüpfte in ihre Schuhe und stopfte ihre moosgrünen Locken unter eine Baseballmütze. Als sie den Salon erreichten und Sarah sich die Mütze vom Kopf riss, schnappte die Friseurin nach Luft. „Gut, dass ihr die Feuerwehr gerufen habt. Das ist wirklich ein Notfall."

Anderthalb Stunden später hatte Sarah wieder braunes Haar, auch wenn es jetzt ein paar Zentimeter kürzer war, weil die Friseurin die kaputten Spitzen hatte abschneiden müssen.

„Also", meinte ihre Mutter, als sie wieder im Auto saßen und nach Hause fuhren, „das hat mich eine Menge Geld gekostet. Wahrscheinlich hätte ich dich einfach mit grünen Haaren in die Schule gehen lassen sollen. Das wäre dir recht geschehen."

Sarah kehrte nicht platinumblond und strahlend in die Schule zurück, sondern mausbraun wie immer. Als die Mittagspause näher rückte, beschloss sie, auch ohne blonde Haare nicht mehr am Verlierertisch zu sitzen. Sie bediente sich an der Salatbar und ging dann einfach an Abby vorbei. Heute würde sie es nicht ertragen können, von ihr kritisiert zu werden.

Ihr Magen zog sich zusammen, als sie sich dem Tisch mit den Schönen näherte. Offenbar hatten die entschieden, dass heute Jeans-Tag war, denn sie alle trugen schicke, enge Jeans mit passenden Oberteilen in Edelsteinfarben und dazu passenden Segelschuhen.

Sarah setzte sich ans andere Ende des Tisches, weit genug weg, um nicht aufdringlich zu wirken, aber doch nah genug, dass die Mädchen sie einbeziehen konnten, wenn sie es wollten.

Sie wartete ein paar Minuten und rechnete damit, dass eine von ihnen sie auffordern würde zu verschwinden, doch das tat niemand. Sie war erleichtert und plötzlich voller Hoffnung, aber dann begriff sie, dass keine von den Schönen sie überhaupt wahrnahm. Sie redeten einfach weiter miteinander, als sei sie unsichtbar.

„Das hat sie nicht gesagt!“

„Oh doch, das hat sie!“

„Nein!“

„Doch!“

„Und was hat *er* gesagt?“

Sarah schob wieder ihren Salat auf dem Teller herum und versuchte, dem Gespräch zu folgen, aber sie hatte keine Ahnung, von wem die Schönen sprachen, und sie würde ganz sicher nicht danach fragen. Wahrscheinlich würde man sie auch gar nicht hören, wenn sie etwas sagte. Sie kam sich vor wie ein Geist.

Sie nahm ihr Tablett und ging zum Mülleimer. Sie wollte unbedingt raus aus der Cafeteria – wollte unbedingt raus aus der ganzen Schule. Aber zuvor musste sie noch die siebte und achte Stunde durchleiden, den langweiligen Sozialkundeunterricht und die dämliche Mathestunde. Während sie sich unglaublich leidtat, prallte sie beinah gegen einen großen Jungen und kippte dabei die Reste ihres Salat auf sein frisch gebügeltes weißes Hemd.

Sie hob den Kopf und blickte in die ozeanblauen Augen von Mason Blair, dem perfektesten Typen in der Schule, dem Jungen, dessen Aufmerksamkeit sie sich immer gewünscht hatte.

„Hey, pass auf, wohin du läufst", sagte er und pflückte eine Gurkenscheibe von seinem teuren Designerhemd. Das in Vinaigrette getauchte Gemüse hatte einen perfekten öligen Kreis mitten auf seiner Brust hinterlassen.

„Sorry!", quiekte sie, kippte den Rest ihres Salats in den Müll und lief aus der Cafeteria.

Was für ein Albtraum. Sie hatte sich wirklich gewünscht, dass Mason sie bemerken würde, aber nicht auf diese Weise. Nicht als das hässliche, ungeschickte Mädchen mit struppigem braunem Haar, das dem Wort *Salatschleuder* eine ganz neue Bedeutung verlieh. Warum musste für sie immer alles schieflaufen? Die Schönheiten taten nie irgendetwas Dummes oder Ungeschicktes, sie demütigten sich nie vor einem hübschen Jungen. Ihre Schönheit war wie eine Rüstung, die sie vor den Qualen und Peinlichkeiten des Lebens schützte.

Als der Schultag endlich zu Ende war, entschied Sarah, zu Fuß nach Hause zu gehen, anstatt den Bus zu nehmen. Wenn man bedachte, wie ihr Tag gelaufen war, fühlte sie sich nicht danach, noch einmal mit einer größeren Gruppe

Jugendlicher zusammenzusein. Das würde nur weitere Katastrophen heraufbeschwören.

Sie ging allein und sagte sich, sie könne sich auch genauso gut gleich an die Einsamkeit gewöhnen. Sie würde immer allein sein. Sie kam an der Eisdiele vorbei, wo die Schönen immer nach der Schule mit ihren Freunden hingingen, zusammen an Picknicktischen saßen, Milchshakes tranken und lachten. Und natürlich konnten die Schönen so viel Eiscreme vertilgen, wie sie wollten, ohne auch nur ein Pfund zuzunehmen. Das Leben war so ungerecht.

Um nach Hause zu kommen, musste Sarah auch am Schrottplatz vorbei. Es war ein hässliches, dreckiges Grundstück voller Autoleichen. Dort standen verbeulte Pick-ups, zerquetschte SUVs und Fahrzeuge, von denen nur noch ein Haufen Schrott übrig war. Sie war überzeugt, dass keine der Schönen an einem so abscheulichen Ort vorbeigehen musste, um nach Hause zu kommen.

Obwohl der Schrottplatz schrecklich war – oder vielleicht, *weil* er so schrecklich war –, konnte sie den Blick nicht von ihm abwenden, wenn sie daran vorbeiging. Wie ein Autofahrer, der gaffend an einem Unfall am Straßenrand vorbeifuhr.

Der Wagen, der direkt am Zaun stand, passte auf jeden Fall in die Kategorie Schrotthaufen. Es war eine von diesen riesigen alten Limousinen, die nur noch ältere Leute fuhren. Sarahs Mutter nannte solche Autos Straßenkreuzer. Und dieser hatte schon bessere Tage gesehen. Er war einmal hellblau gewesen, doch nun war er völlig verrostet. An manchen Stellen hatte der Rost sich bereits vollständig durch das Metall gefressen, und die Karosserie war so verbeult, als sei eine wütende Menge mit Baseballschlägern darauf losgegangen.

Dann bemerkte sie den Arm.

Ein dünner, eleganter Arm ragte aus dem Kofferraum des Wagens. Die Finger der kleinen weißen Hand waren ausgestreckt, als würden sie zur Begrüßung winken. Oder um Hilfe rufen, wie jemand, der ertrank.

Sofort brannte Sarah vor Neugier. Was würde an dem Arm hängen?

Das Tor war unverschlossen. Niemand schien es zu bewachen. Nachdem sie sich aufmerksam umgesehen hatte, um sicher zu sein, dass niemand in der Nähe war, betrat sie den Schrottplatz.

Sie ging zu der alten Limousine und berührte den Arm, dann die Hand. Sie war aus Metall. Sarah versuchte, den Kofferraumdeckel aufzuziehen, aber er klemmte. Der Wagen war so verbeult, dass sich der Kofferraum nicht mehr richtig öffnen oder schließen ließ.

Sarah dachte an eine Geschichte, die ihnen ein Lehrer in der Grundschule vorgelesen hatte. Sie handelte von König Arthur, der als Einziger ein Schwert aus einem Stein gezogen hatte. Würde sie diese Puppe – oder was immer das war – aus dem Autowrack ziehen können? Sie blickte sich um, bis sie ein Stück Metall fand, das als Brechstange dienen konnte.

Sie stemmte einen Fuß gegen die eingedellte Stoßstange des Wagens, schob das eine Ende des Metallstücks unter den Kofferraumdeckel und zog. Zunächst rührte sich nichts, aber beim zweiten Versuch sprang der Deckel plötzlich auf und ließ sie zurücktaumeln. Schmerzhaft landete sie auf dem Hintern. Sie stand auf, um sich anzusehen, wem die Hand, die aus dem Kofferraum ragte, wohl gehörte.

War es eine einst geliebte Puppe, die irgendwann im Müll gelandet war? Der Gedanke machte Sarah traurig.

Sie zog die Puppe aus dem Kofferraum und stellte sie auf die Füße. Doch als sie sie sich genauer besah, zweifelte sie daran, dass *Puppe* der richtige Ausdruck dafür war. Die Figur war ein paar Zentimeter größer als Sarah und sie besaß Gelenke, sodass man ihre Gliedmaßen und ihre Hüfte bewegen konnte. War es eine Art Marionette? Ein Roboter?

Was immer es war, es war wunderschön. Es besaß große grüne Augen mit langen Wimpern, pinkfarbene geschwungene Lippen und rote Kreise auf den Wangen. Das Gesicht war bemalt wie ein Clown, aber ein hübscher Clown. Das rote Haar war zu zwei abstehenden Zöpfen geflochten, der Körper war glatt und silbern mit einem langen Hals, einer schmalen Taille und einer runden Brust und runden Hüften. Die Beine und Arme waren lang, schlank und elegant. Die Puppe sah aus wie eine Roboterversion der tollen Supermodels, deren Bilder an den Wänden von Sarahs Zimmer hingen.

Woher kam sie? Und warum wollte jemand so etwas Schönes und Perfektes loswerden?

Nun ja, wer auch immer das Ding in den Müll geworfen hatte, wollte es offenbar nicht, Sarah würde es gern nehmen. Sie hob das Robotermädchen hoch und war überrascht, wie leicht es war. Einem Arm um die Taille geschlungen trug sie die Puppe nach Hause.

In ihrem Zimmer stellte Sarah das Robotermädchen ab. Es war ein bisschen angelaufen und staubig, als habe es eine ganze Weile auf den Müll gelegen. Sarah ging in die Küche und holte einen Lappen und eine Flasche Reinigungsmittel, das sich auch für Metall eignete. Sie sprühte die Vorderseite des Roboters ein und wischte ihn dann von Kopf bis Fuß Zentimeter für Zentimeter ab. Nun glänzte das Robotermädchen und war dadurch nur noch schöner. Als Sarah auch die Rückseite reinigte, fiel ihr ein Schalter auf. Nachdem sie alles sauber gewischt hatte, stellte sie den Schalter auf „An".

Nichts geschah. Etwas enttäuscht wandte sich Sarah ab. Es war immer noch cool, so einen Roboter zu besitzen, auch wenn er nicht funktionierte.

Doch plötzlich ertönte ein rasselndes Geräusch und Sarah drehte sich um. Der Roboter zitterte am ganzen Körper, als würde er gerade auf Touren kommen oder endgültig kaputtgehen. Dann erstarrte er wieder.

Sarah fand sich damit ab, dass der Roboter wahrscheinlich absolut nichts tun würde.

Bis er etwas tat.

Die Taille des Roboters drehte sich. Langsam hob er die Arme und senkte sie wieder. Sein Kopf wandte sich Sarah zu und schien sie mit den großen grünen Augen anzublicken.

„Hallo Freundin", sagte er mit einer leicht metallisch

klingenden Kleinmädchenstimme. „Mein Name ist Eleanor.“

Sarah wusste, dass dieses Ding sie nicht wirklich persönlich meinen konnte, trotzdem fühlte es sich so an. „Hi“, flüsterte sie und kam sich ein bisschen albern vor, dass sie anfing, mit einem leblosen Gegenstand zu sprechen. „Ich bin Sarah.“

„Freut mich, dich kennenzulernen, Sarah“, sagte das Robotermädchen.

Hoppla! Wie hatte es sie beim Namen nennen können? *Da muss ein ziemlich leistungsfähiger Computer eingebaut sein*, dachte Sarah. Mit so etwas kannte sich vielleicht ihr Bruder aus. Er hatte am College Informatik belegt.

Der Roboter machte ein paar erstaunlich sichere Schritte auf Sarah zu. „Danke, dass du mich gerettet und sauber gemacht hast, Sarah“, sagte Eleanor. „Ich fühle mich so gut wie neu.“ Sie drehte sich sehr weiblich um die eigene Achse, und ihr kurzer Rock schwang mit ihrer Bewegung mit.

Sarah blieb der Mund offen stehen. War dieses Ding tatsächlich dazu in der Lage, sich zu unterhalten, zu *denken*? „Äh … gern geschehen“, sagte sie.

„Und jetzt“, fuhr Eleanor fort und legte eine kalte, harte kleine Hand auf Sarahs Wange, „sag mir, was ich für dich tun kann, Sarah.“

Sarah betrachtete das hübsche, aber ausdruckslose Robotergesicht. „Wie meinst du das?“

„Du hast etwas Nettes für mich getan. Jetzt muss ich etwas Nettes für dich tun.“ Eleanor legte den Kopf schief wie ein süßer kleiner Welpe. „Was wünscht du dir, Sarah? Ich möchte deine Wünsche wahr werden lassen.“

„Äh … eigentlich nichts“, erwiderte Sarah. Das stimmte nicht, aber mal ehrlich, wie sollte dieser Roboter ihre Wünsche wahr werden lassen?

„Jeder wünscht sich irgendetwas“, sagte Eleanor und strich Sarah das Haar aus dem Gesicht. „Was wünschst du dir, Sarah?“

Sarah holte tief Luft. Sie blickte zu den Bildern der Models und Schauspielerinnen und Popstars an den Wänden. Sie könnte es genauso gut doch einfach sagen. Eleanor war ein Roboter. Sie würde nicht über sie urteilen. „Ich wünsche mir …“, flüsterte sie, und es war ihr doch peinlich. „Ich wünsche mir … schön zu sein.“

Eleanor klatschte in die Hände. „Schön zu sein! Was für ein wunderbarer Wunsch! Aber es ist ein großer Wunsch, Sarah, und ich bin klein. Gib mir 24 Stunden, dann werde ich einen Plan haben, um diesen Wunsch wahr werden zu lassen.“

„Okay, klar“, meinte Sarah. Aber sie glaubte keine Sekunde daran, dass dieser Roboter in der Lage sein würde, ihr Aussehen zu verändern. Sie konnte es ja noch nicht einmal glauben, dass sie sich wirklich mit ihm unterhalten hatte.

Als Sarah am nächsten Morgen aufwachte, stand Eleanor so still und leblos in der Ecke wie alle anderen Dinge in Sarahs Zimmer, mit denen sie es dekoriert hatte. Sie war nicht lebendiger als der Freddy Fazbear aus Stoff, der auf ihrem Bett saß, seit sie sechs war. Vielleicht war das Gespräch mit Eleanor nur ein besonders lebhafter Traum gewesen.

Am Nachmittag, als Sarah von der Schule nach Hause kam, ließ Eleanor ihre Hüfte kreisen, hob und senkte ihre Arme und kam dann mit fließenden Schritten zu Sarah. „Ich habe dir etwas gebastelt, Sarah", sagte sie. Eleanor griff hinter sich und zog eine Halskette hervor. Es war eine Silberkette mit großen Gliedern, und daran hing ein silbernes Herz, das wie gezeichnet wirkte. Es war sehr ungewöhnlich. Und hübsch.

„Die hast du für mich gebastelt?", fragte Sarah.

„Das habe ich", antwortete Eleanor. „Ich möchte, dass du mir etwas versprícht. Ich möchte, dass du diese Kette umlegst und sie absolut niemals abnimmst. Versprichst du mir, sie umzubehalten? Immer?"

„Ich verspreche es", sagte Sarah. „Vielen Dank. Sie ist wunderschön."

„Und du wirst auch wunderschön sein", sagte Eleanor. „Da dein Wunsch so groß ist, Sarah, kann ich ihn dir nur für eine gewisse Zeit gewähren. Aber wenn du diese Kette trägst und sie immer umbehältst, wirst du jeden Morgen, wenn du aufwachst, ein bisschen schöner sein als am Tag zuvor." Eleanor hielt ihr die Kette hin, und Sarah nahm sie.

„Okay, danke", sagte Sarah und glaubte Eleanor nicht eine Sekunde. Trotzdem legte sie die Kette um, weil sie einfach hübsch war.

„Sie steht dir“, meinte Eleanor. „Und damit die Kette ihre Wirkung tut, muss ich dich in den Schlaf singen.“

„Jetzt gleich?“, wollte Sarah wissen.

Eleanor nickte.

„Es ist aber noch früh. Mutter ist noch nicht einmal von der Arbeit zurück …“

„Damit die Kette ihre Wirkung tut, muss ich dich in den Schlaf singen“, wiederholte Eleanor.

„Na gut, ich schätze, ich könnte ein kleines Nickerchen machen“, meinte Sarah, wobei sie sich nicht sicher war, dass sie nicht vielleicht längst schlief und nur träumte.

„Leg dich ins Bett“, sagte Eleanor und ging mit ihren geschmeidigen Schritten zum Bett. Obwohl sie ein Roboter war, wirkte Eleanor vollkommen weiblich und ganz entzückend.

Sarah zog die Decke zurück und kletterte ins Bett. Eleanor setzte sich auf die Bettkante und strich Sarah mit ihrer kalten kleinen Hand übers Haar. Dann sang sie:

Schlaf ein, schlaf ein,
Schlaf ein, meine süße Sarah,
Wenn du erwachst, wenn du erwachst,
Werden all deine Wünsche wahr.

Noch bevor Eleanor den letzten Ton gesungen hatte, war Sarah eingeschlafen.

Normalerweise war Sarah morgens immer müde und mürrisch, aber an diesem Morgen wachte sie auf und fühlte sich großartig. Eleanor stand still in der Zimmerecke. Irgendwie gab es Sarah ein gutes Gefühl, dass Eleanor da war. Als würde der Roboter Wache stehen.

Vielleicht war Eleanor doch nur ein lebloses Objekt, dachte Sarah, als sie sich im Bett aufsetzte. Dann tastete sie nach dem silbernen Herz an der Kette um ihren Hals. Wenn die Kette echt war, musste das Gespräch mit Eleanor auch stattgefunden haben. Und als sie die Hand von der Kette nahm, fiel ihr noch etwas anderes auf.

Ihr Arm. Eigentlich ihre beiden Arme. Sie waren dünner und irgendwie definierter, und ihre Haut, die normalerweise fahl war, wirkte auf einmal gesund und strahlend. Die trockenen Stellen auf ihrer Haut, die sie immer wieder bekam, waren verschwunden, und beide Arme fühlten sich weich und glatt an. Selbst ihre normalerweise rissigen Ellbogen waren so glatt wie die Nase einer kleinen Katze.

Und ihre Finger fühlten sich auch anders an. Sie streckte die Hand aus, um sie näher zu betrachten. Ihre früher kurzen und dicken Finger waren lang, elegant und spitz. Ihre sonst breiten, unebenen Fingernägel waren nun länger als ihre Fingerspitzen und perfekt geformt. Verblüffenderweise waren sie auch noch in einem wundervollen weichen Pink lackiert. Jeder Nagel sah aus wie ein perfektes Rosenblatt.

Sarah lief zum Spiegel, um sich genauer anzusehen. Immer noch dasselbe unregelmäßige Gesicht mit demselben Körper, aber nun mit einem perfekten Paar Arme und Hände. Ihr fielen wieder Eleanors Worte von gestern Abend ein: „Jeden Morgen, wenn du aufwachst, wirst du ein bisschen schöner sein als am Tag zuvor."

Sarah war ganz bestimmt ein bisschen schöner geworden. Würde es so weitergehen – dass jeden Morgen ein anderer Teil von ihr sich verwandelt hatte?

Sie ging zu der Ecke, wo Eleanor stand. „Ich liebe meine neuen Arme und Hände! Vielen Dank!", sagte sie zu dem regungslosen Roboter. „Werde ich jeden Morgen mit einem neuen Körperteil aufwachen, bis ich mich vollkommen verwandelt habe?"

Eleanor regte sich nicht. Ihr Gesicht zeigte immer nur denselben aufgemalten Ausdruck.

„Vielleicht muss ich einfach nur abwarten, was?", meinte Sarah. „Noch einmal danke." Sie stellte sich auf die Zehenspitzen, küsste den Roboter auf seine kalte, harte Wange und eilte dann nach unten in die Küche, um zu frühstücken.

Ihre Mutter saß mit einer Tasse Kaffee und einer halben Grapefruit am Tisch. „Hey, heute musste ich ja gar nicht brüllen, um dich aus dem Bett zu bekommen", meinte ihre Mutter. „Was ist los?"

Sarah zuckte die Achseln. „Keine Ahnung. Ich bin aufgewacht und hab mich toll gefühlt. Ich habe einfach gut geschlafen, schätze ich." Sie schüttete sich ein paar Cornflakes in eine Schüssel und tränkte sie mit Milch.

„Du warst schon eingeschlafen, als ich nach Hause gekommen bin. Ich habe überlegt, ob ich dich zum Abendessen wecken sollte, aber du hast geschlafen wie ausgeknipst", sagte ihre Mutter. „Und du isst sogar was Vernünftiges", fügte sie hinzu, während Sarah die Cornflakes in sich hineinschaufelte. „Möchtest du die andere Hälfte von der Grapefruit?“

„Gern, danke“, erwiderte Sarah.

Als sie sich die Grapefruit nahm, ergriff ihre Mutter ihre Hand. „Hey, wann hast du deine Nägel lang wachsen lassen?“

Sarah wusste, dass sie kaum „letzte Nacht“, sagen konnte, also erwiderte sie: „In den letzten paar Wochen, denke ich.“

„Das sieht fantastisch aus“, meinte ihre Mutter und drückte Sarahs Hand, bevor sie sie losließ. „Und gesund. Hast du die Vitamine genommen, die ich dir mitgebracht habe?“

Das hatte Sarah nicht, aber sie sagte trotzdem Ja.

„Gut“, zeigte sich ihre Mutter zufrieden und lächelte. „Das sieht man auf jeden Fall.“

Nach dem Frühstück zog Sarah ein pinkfarbenes Oberteil an, das zu ihrem Nagellack passte und nahm sich extra viel Zeit für ihre Frisur und ihr Make-up. In der Schule fühlte sie sich etwas weniger unsichtbar.

Als sie auf der Toilette war, um sich die Hände zu waschen, kam Jillian herein, eine der Schönen. Sie überprüfte ihr perfektes Gesicht und ihr Haar im Spiegel, dann warf sie einen Blick auf Sarahs Hände. „Ooh, der Nagellack ist ja toll“, sagte sie.

Sarah war so schockiert, dass sie kaum ein „Danke“ herausbrachte.

Jillian stolzierte aus der Toilette, ohne Zweifel, um sich wieder ihren Freundinnen anzuschließen.

Aber sie hatte Sarah *wahrgenommen*. Sie hatte sie *bemerkt*, und sie hatte zumindest eine Sache an ihr gemocht.

Den Rest des Tages musste Sarah innerlich lächeln.

Eleanor war meistens nachtaktiv. Sobald das letzte Licht des Wintertages verblasste, rollte sie mit den Hüften, hob und senkte ihre Arme und wurde lebendig.

„Hallo Sarah", sagte sie dann mit ihrer hohen, blechernen Stimme. „Bist du heute ein bisschen schöner, als du es gestern warst, wie ich es dir versprochen hatte?"

„Ja", antwortete Sarah. Sie konnte sich nicht daran erinnern, jemals so dankbar gewesen zu sein. „Vielen Dank."

Eleanor nickte. „Gut. Und bist du heute ein bisschen glücklicher, als du es gestern warst?"

„Das bin ich", erwiderte Sarah.

Eleanor klatschte in ihre kleinen Hände. „Gut. Genau das ist es, was ich will. Dir Wünsche erfüllen und dich glücklich machen."

Sarah konnte immer noch nicht glauben, dass dies alles tatsächlich geschah. „Das ist wirklich sehr nett von dir. Aber wieso?"

„Ich habe dir gesagt wieso. Du hast mich gerettet, Sarah. Du hast mich aus diesem Schrotthaufen gezogen, mich sauber gemacht und wieder zum Leben erweckt. Und jetzt möchte ich dir Wünsche erfüllen wie eine gute Fee. Würde dir das gefallen?" Ihre Stimme klang zwar metallisch, aber auch freundlich.

„Ja", sagte Sarah. Wem würde eine gute Fee nicht gefallen?

„Gut“, erklärte Eleanor. „Dann nimm niemals diese Kette ab und lass mich dich in den Schlaf singen. Wenn du wieder aufwachst, wirst du ein bisschen schöner sein, als du es heute schon bist.“

Sarah zögerte. Sie wusste, dass ihre Mutter es seltsam gefunden hatte, als sie gestern Abend nach Hause gekommen war und sie bereits schlafend vorgefunden hatte. Wenn Sarah jetzt jeden Abend so früh einschlief, würde ihre Mutter sich Sorgen machen, dass sie krank sei. Außerdem waren da noch die Hausaufgaben. Wenn sie aufhörte, Hausaufgaben zu machen, würde das ebenfalls Misstrauen erregen, sowohl zu Hause als auch in der Schule.

„Ich lasse mich von dir in den Schlaf singen“, erklärte Sarah. „Aber könnten wir das in zwei Stunden machen? Ich muss noch mit meiner Mutter zu Abend essen und dann meine Hausaufgaben machen.“

„Wenn es nicht anders geht“, entgegnete Eleanor und klang ein bisschen enttäuscht. „Aber es ist wichtig, dass ich dich so früh wie möglich ins Bett bringe. Es ist wichtig, dass du deinen Schönheitsschlaf bekommst.“

Nach einer Portion Spaghetti und anderthalb Stunden Mathe und Englisch ging Sarah kurz unter die Dusche, putzte sich die Zähne und zog ihr Nachthemd an. Dann ging sie zu Eleanor, die still in der Ecke stand.

„Ich bin so weit“, sagte Sarah.

„Dann geh ins Bett wie ein braves Mädchen“, erwiderte Eleanor.

Sarah schlüpfte unter die Decke, und Eleanor kam mit ihren geschmeidigen Schritten zum Bett. Sie setzte sich auf die Kante und berührte das Herz an Sarahs Kette. „Denk daran, sie immer zu tragen und sie niemals abzulegen“, mahnte Eleanor.

„Ich werde dran denken“, versprach Sarah.

Eleanor strich Sarah mit ihrer kleinen kalten Hand übers Haar und sang ihr Schlaflied:

Schlaf ein, schlaf ein,
Schlaf ein meine süße Sarah,
Wenn du erwachst, wenn du erwachst,
Werden all deine Wünsche wahr.

Und wieder schlief Sarah ein, bevor sie wusste, wie ihr geschah.

Als sie aufwachte, fühlte sie sich erfrischt, und als sie das Bett verließ, hatte sie das Gefühl, ein wenig aufrechter zu stehen, ein wenig stolzer, ein wenig … GRÖSSER zu sein?

Sie lief zum Spiegel und zog ihr Nachthemd hoch, um ihre Beine zu betrachten.

Sie waren umwerfend. Nicht mehr kurz und stämmig, sondern lang und wohlgeformt, mit straffen Waden und anmutigen Fußgelenken. Sie hatte die Beine eines Models. Als sie mit den Händen darüberfuhr, war die Haut glatt und seidig. Und als sie nach unten blickte, bemerkte sie, dass die Nägel ihrer perfekten, anbetungswürdigen Zehen in dem gleichen rosigen Pink lackiert waren wie ihre Fingernägel.

Normalerweise trug Sarah Jeans zur Schule, um ihre stämmigen Beine zu kaschieren. Aber heute würde sie ein

Kleid anziehen. Sie lief zu ihrem Schrank und nahm das schöne lavendelfarbene heraus, das ihre Mutter ihr im letzten Frühjahr gekauft hatte. Damals hatte es ihr irgendwie nicht gestanden, doch jetzt passte es perfekt zu ihren langen, wohlgeformten Armen und Beinen. Dazu zog sie Ballerinas an und bewunderte ihr Spiegelbild.

Zwar sah sie immer noch nicht genauso aus, wie sie es sich wünschte (zum Beispiel die Knollennase musste weg), doch sie machte ohne Frage Fortschritte. Sie trug das bisschen Make-up auf, dass ihre Mutter ihr zugestanden hatte, bürstete sich das Haar und ging hinunter zum Frühstück.

Ihre Mutter stand am Herd und machte Rührei. „Sieh dich mal an! Du bist ja der Hammer!“ Lächelnd betrachtete ihre Mutter sie von oben bis unten. „Macht ihr heute Fotos in der Schule?“

„Nein“, erwiderte Sarah, setzte sich an den Tisch und goss sich ein Glas Orangensaft ein. „Ich wollte mir heute einfach mal Mühe geben.“

„Gibt es irgendjemand Spezielles, für den du dir Mühe gibst?“, neckte ihre Mutter.

Einen kurzen Moment dachte Sarah an Mason Blair, doch dann fiel ihr wieder ein, wie sie mit ihm zusammengeprallt war und ihn mit Salat bekleckert hatte. „Nein, nur für mich.“

Ihre Mutter lächelte. „Wow, das ist wirklich schön zu hören. Hey, möchtest du Rührei?“

Sarah hatte plötzlich einen Mordshunger. „Klar“, sagte sie.

Ihre Mutter verteilte das Rührei auf ihre beiden Teller und legte eine Scheibe Toast dazu, dann setzte sie sich. „Ich weiß nicht, woran es liegt“, sagte ihre Mutter, „aber seit ein paar Tagen scheinst du so viel reifer zu sein, und man kann viel besser mit dir reden.“ Nachdenklich nippte sie an ihrem Kaffee. „Vielleicht hast du im letzten Jahr einfach nur eine schwierige Phase durchgemacht, und die liegt jetzt allmählich hinter dir.“

Sarah lächelte. „Ja, ich denke, so könnte es sein.“ *Die schwierige Phase war mein gesamtes Leben, bevor ich Eleanor getroffen habe*, dachte Sarah.

In der Schule entdeckte Sarah Abby im Flur und spürte plötzlich mit einem schmerzhaften Stich, wie sehr sie sie vermisste. Die beiden hatten so viel miteinander erlebt, bis zurück in die Zeiten von Fingerfarbe und Knetmasse. Aber Abby hatte einen Dickkopf. Falls Sarah darauf wartete, dass Abby sich entschuldigen würde, konnte sie lange warten.

Sie ging zu Abby, die vor ihrem Spind stand. „Hey“, sagte Sarah.

„Hey.“ Abby grub in ihrem Spind und sah sie nicht an.

„Hör zu“, meinte Sarah: „Es tut mir leid, dass ich neulich all diese gemeinen Dinge zu dir gesagt habe.“

Endlich blickte Abby auf. „Das war nicht alles falsch. Ich mag immer noch Zeichentrickfilme und Sticker und Pferde.“

„Ja, und das ist auch überhaupt nicht schlimm. Sticker und Pferde und Zeichentrickfilme sind toll. Und du bist toll. Und es tut mir leid. Freunde?“ Sie streckte die Hand aus, und Abby lachte und umarmte sie stattdessen.

Als Abby sich wieder von ihr löste, betrachtete sie Sarah von Kopf bis Fuß. „Hey, sag mal, bist du gewachsen?“

Wie hätte sie das erklären sollen? „Nein, ich arbeite nur an einer besseren Haltung.“

„Also damit hast du auf jeden Fall Erfolg.“

Am Abend zuvor hatte Eleanor mit ihrem süßen Lied Sarah wieder in den Schlaf gesungen. Während sie noch im Bett lag, musterte sie ihren Körper, um herauszufinden, welcher Teil eine Nachrüstung erfahren hatte. Zu ihrer Überraschung waren alle Bereiche, die vorher weich und wabbelig gewesen waren, jetzt straff und hart, und Bereiche, die flach und kindlich ausgesehen hatten, nun rund und weiblich.

Für die Schule wählte Sarah ein enges T-Shirt und einen Jeans-Minirock. Ihr erbärmlicher Trainings-BH ging einfach nicht mehr zu, also griff sie zu dem Sport-BH, den sie im Turnunterricht trug. Er saß äußerst knapp.

Beim Frühstück fragte sie ihre Mutter: „Können wir an diesem Wochenende vielleicht einkaufen gehen?“

„Freitag bekomme ich mein Geld, also wären ein paar Einkäufe durchaus drin“, erwiderte ihre Mutter und schenkte sich Kaffee nach. „Suchst du was Bestimmtes?“

Sarah blickte auf ihre Brust, dann grinste sie verlegen.

„Oh!“, sagte ihre Mutter und klang verblüfft. „Das habe ich irgendwie überhaupt nicht mitbekommen. Natürlich können wir dir ein paar BHs kaufen, die passen.“ Sie lächelte und schüttelte den Kopf. „Ich kann es gar nicht glauben, wie schnell du erwachsen wirst.“

„Ich auch nicht.“ Und das war die Wahrheit.

„Es kommt einem vor, als sei es über Nacht passiert“, fand ihre Mutter.

Weil es genauso ist, dachte Sarah.

In der Schule spürte Sarah viele Blicke. Die Blicke von Jungs. Zum ersten Mal hatte sie das Gefühl, bemerkt zu werden. Gesehen zu werden. Es war verwirrend. Aufregend. Auf dem Weg zum Englischunterricht musterten sie drei Jungs – niedliche Jungs –, dann blickten sie einander an, flüsterten etwas und lachten. Aber es war kein gemeines oder spöttisches Lachen.

Sarah fragte sich, was sie wohl gesagt hatten und erwiderte ihren Blick, wodurch sie plötzlich gegen jemanden prallte, den sie nicht rechtzeitig gesehen hatte. Nein, das konnte doch nicht sein! Nicht schon wieder! Es war Mason Blair.

Sie merkte, dass sie knallrot wurde und rechnete damit, dass er sie zurechtwies – mal wieder.

Doch stattdessen lächelte er. Er hatte einfach tolle Zähne, gerade und weiß. „Wir müssen wirklich aufhören, immer so gegeneinanderzuprallen“, meinte er.

„Eigentlich pralle ich eher gegen dich“, erwiderte Sarah. „Wenigstens hatte ich diesmal keinen Salat in der Hand.“

Sein Lächeln war einfach nur umwerfend. „Das war echt witzig.“

„Ja“, stimmte Sarah hinzu, obwohl es ihr seltsam vorkam, dass er die Sache mit dem Salat witzig fand. Als es passierte, war er ihr eher genervt vorgekommen.

„Wenn du schon ständig in mich hineinläufst, muss ich wenigstens deinen Namen wissen. Ich kann dich ja nicht immer nur Salatmädchen nennen."

„Ich heiße Sarah. Aber du kannst mich gern Salatmädchen nennen, wenn du möchtest."

„Schön, dich mal richtig kennenzulernen, Sarah. Ich bin Mason."

„Ich weiß." Sie hätte sich sonst wohin beißen können. Das war jetzt sicher nicht cool gewesen.

„Okay, wir sehen uns, Sarah, das Salatmädchen." Noch einmal schenkte er ihr ein strahlendes Lächeln.

„Bis dann", erwiderte Sarah. Sie ging weiter in den Englischunterricht, doch sie konnte an nichts anderes mehr denken, als dass sie sich gerade – ganz normal – mit Mason Blair unterhalten hatte.

Im Unterricht setzte sich Sarah neben Abby. „Mason Blair hat gerade mit mir gesprochen", flüsterte Sarah. „Richtig mit mir geredet."

„Das überrascht mich nicht", flüsterte Abby zurück. „In letzter Zeit hast du irgendetwas an dir."

„Was meinst du?"

Abby runzelte die Stirn, wie sie es immer tat, wenn sie angestrengt nachdachte. „Keine Ahnung. Ich kann es nicht wirklich in Worte fassen. Es wirkt, als würdest du von innen heraus strahlen."

Sarah lächelte. „Ja, genauso fühlt es sich an." Aber eigentlich waren es die Veränderungen an ihrem Äußeren, die sie innerlich strahlen ließen.

Am Abend, nachdem Eleanor zum Leben erwacht war, umarmte Sarah sie. Es fühlte sich seltsam an, etwas so Hartes und Kaltes zu umarmen, und als Eleanor Sarah ebenfalls in die Arme nahm, spürte sie ganz kurz Furcht in sich auflodern, doch sie verdrängte dieses Gefühl schnell. Sie brauchte sich nicht zu fürchten. Eleanor war ihre Freundin.

„Eleanor", sagte Sarah und löste sich aus der Umarmung, „ich könnte mit meinem neuen Körper nicht glücklicher sein. Er ist perfekt. Ich danke dir so sehr!"

„Das freut mich", erwiderte Eleanor und legte ihren Kopf schief. „Ich möchte einfach, dass du glücklich bist, Sarah."

„Ich bin so viel glücklicher, als ich es war, bevor ich dich gefunden habe", sagte Sarah. „Heute habe ich geradezu gefühlt, wie all diese Leute mich plötzlich *gesehen* haben. Und ihnen gefiel, was sie sahen. Sogar dem Typ, in den ich seit Monaten verknallt bin, bin ich aufgefallen, und er hat mit mir geredet."

„Das ist wunderbar", meinte Eleanor. „Ich bin froh, dass es mir gelungen ist, all deine Wünsche wahr werden zu lassen, Sarah."

Doch plötzlich verdunkelte eine schwarze Wolke Sarahs gute Stimmung. „Nun ja", sagte sie, „nicht alle." Sie hob die Hand und berührte ihre Knollennase.

„Tatsächlich?" Eleanor klang überrascht. „Was wünscht du dir denn noch, Sarah?"

Sarah holte tief Luft. „Ich liebe meinen neuen Körper", sagte sie. „Das tue ich wirklich. Ich bin, wie manche Jungs das nennen, hübsch aus der Ferne, aber noch fern von hübsch."

Wieder legte Eleanor den Kopf schief. „Hübsch aus der Ferne? Ich verstehe nicht, was du meinst, Sarah."

„Weißt du, Jungs werden sagen: ‚Aus der Ferne sieht sie toll aus, aber geh nicht zu nah ran.'"

„*Oh!* Fern von *hübsch*!", meinte Eleanor. „Jetzt verstehe ich." Sie lachte. Es klang wie ein metallisches Klingeln. „Ein lustiger Spruch."

„Nicht, wenn man damit beschrieben wird", entgegnete Sarah.

„Wahrscheinlich nicht", sagte Eleanor nur. Sie hob die Hand und berührte Sarahs Wange. „Sarah, willst du wirklich, dass ich das alles verändere? Willst du ein neues Gesicht?"

„Das will ich", erwiderte Sarah. „Ich möchte eine kleine Nase und volle Lippen und hohe Wangenknochen. Ich möchte lange dunkle Wimpern und schöne Augenbrauen. Ich möchte nicht mehr so falsch zusammengesetzt aussehen."

Wieder lachte Eleanor ihr klingelndes Lachen. „Das kann ich für dich tun, Sarah, aber du musst verstehen, dass es eine große Veränderung wäre. Mit den längeren Beinen oder einer kurvigeren Figur sieht es einfach nur so aus, als seiest du gewachsen. Vielleicht schneller, als erwartet, aber dass man wächst, ist bei einem Kind normal. Man weiß, dass es irgendwann dazu kommt. Dein ganzes Leben hast du in den Spiegel geschaut, dein Gesicht gesehen und gedacht: ‚Das bin ich.' Es stimmt, dass sich dein Gesicht etwas verändert, wenn du größer wirst, aber es ist immer noch als deins zu erkennen. Ein vollkommen anderes Gesicht im Spiegel zu sehen, kann ein ziemlicher Schock sein."

„Es ist ein Schock, den ich mir wünsche", erklärte Sarah. „So wie mein Gesicht ist, hasse ich es."

„Also gut, Sarah", sagte Eleanor und sah ihr in die Augen. „Wenn du dir sicher bist."

Nachdem Sarah mit ihrer Mutter zu Abend gegessen und ihre Hausaufgaben erledigt hatte, duschte sie und bereitete sich darauf vor, noch einmal von Eleanor in den Schlaf gesungen zu werden. Doch als sie sich unter die Decke kuschelte, kam ihr plötzlich ein verstörender Gedanke. „Eleanor?"

„Ja, Sarah?" Sie stand bereits an Sarahs Bett.

„Was wird meine Mutter denken, wenn ich am Morgen zum Frühstück herunterkomme und ein vollkommen anderes Gesicht habe?"

Eleanor setzte sich auf die Bettkante. „Das ist eine gute Frage, Sarah, aber sie wird es nicht bemerken, nicht wirklich. Sie wird denken, dass du besonders ausgeruht wirkst, aber sie wird nicht erkennen, dass dein schlichtes Gesicht durch ein schönes ersetzt worden ist. Mütter finden immer, dass ihre Kinder schön sind, deswegen hat sie immer große Schönheit gesehen, wenn sie dich betrachtet hat."

„Oh, okay", erwiderte Sarah und fühlte sich erleichtert. Kein Wunder, dass ihre Mutter ihre Probleme nie verstanden hatte. Offensichtlich war sie der Meinung, dass ihre Tochter ohnehin schön war. „Dann bin ich bereit."

Eleanor berührte Sarahs Herzanhänger. „Und du denkst daran …“

„Dass ich die Kette immer tragen muss und sie niemals abnehmen darf. Ja, ich denke daran.“

„Gut.“ Eleanor strich Sarah übers Haar und sang ein letztes Mal.

Schlaf ein, schlaf ein,
Schlaf ein meine süße Sarah,
Wenn du erwachst, wenn du erwachst,
Werden all deine Wünsche wahr.

Wie schon zuvor fühlte Sarah die Veränderungen, bevor sie sie sah. Sobald sie aufwachte, hob sie die Hand und berührte ihre Nase. Diesmal spürte sie keine kartoffelartige Knolle, sondern eine kecke kleine Spitze. Mit den Händen strich sie über die Seiten ihres Gesichts und ertastete deutlich ausgeprägte Wangenknochen. Sie berührte ihre Lippen und merkte, dass sie voller waren.

Sie sprang aus dem Bett, um sich das anzusehen.

Es war verblüffend. Die Person, die Sarah aus dem Spiegel entgegenblickte, war ein vollkommen anderer Mensch als zuvor. Eleanor hatte recht: Es war ein Schock. Aber es war ein guter Schock. Alles, was sie an ihrer Erscheinung gehasst hatte, war fort und war durch absolute Perfektion ersetzt worden. Ihre Augen waren groß und tiefblau und gesäumt von langen dunklen Wimpern. Ihre Augenbrauen waren feine Bögen. Ihre Nase war winzig und vollkommen gerade, und ihre Lippen rosig und hübsch geschwungen.

Ihr Haar, obwohl es noch braun war, fiel in sanften Wellen herab. Sie betrachtete sich von Kopf bis Fuß. Mit ihren geraden weißen Zähnen lächelte sie sich an. Wunderschön! Sie war das perfekte Paket.

Dann warf sie einen Blick in ihren Schrank. Nichts von dem, was dort hing, schien ihrer neuen Schönheit gerecht zu werden.

Wenn ihre Mutter mit ihr BHs einkaufen ging, konnten sie vielleicht auch ein paar neue Outfits erstehen. Nach langer Überlegung entschied sie sich schließlich für ein rotes Kleid, das sie einmal aus einem Impuls heraus gekauft, sich aber nie anzuziehen getraut hatte. Jetzt allerdings hatte sie verdient, im Mittelpunkt der Aufmerksamkeit zu stehen.

Die Schule war für sie ab sofort ein völlig neues Erlebnis. Sie spürte die Blicke der anderen, ob Jungen oder Mädchen. Wenn sie die anderen Schönheiten betrachtete, die heute zufällig auch rot trugen, erwiderten die ihren Blick, aber nicht voller Verachtung, sondern mit Interesse.

Beim Mittagessen begrüßte sie Abby leise im Vorbeigehen, dann steuerte sie direkt auf den Tisch zu, an dem die Schönen saßen. Dieses Mal setzte sie sich nicht sofort hin, sondern ging nur langsam an ihnen vorbei.

„Hey, neues Mädchen“, rief Lydia. „Willst du bei uns sitzen?“

Sie war ganz sicher nicht das neue Mädchen in der Schule, aber sie war das neue Mädchen, was ihr Aussehen anging. „Klar, danke“, erwiderte sie. Sie versuchte, beiläufig zu klingen, als sei es ihr gleichgültig, ob sie bei ihnen saß oder bei jemand anderem, aber innerlich überschlug sie sich geradezu vor Freude.

Alle Schönen aßen genau wie sie Salat.

„Und“, fragte Lydia, „wie ist dein Name?“

„Sarah.“ Sie hatte gehofft, dass Sarah ein Name war, den sie akzeptabel fanden. Er war gar nicht so schlecht. Nicht wie Hilda oder Bertha oder irgendetwas Ähnliches.

„Ich bin Lydia.“ Lydia warf ihr schimmerndes blondes Haar zurück. Sie war wirklich hübsch – hübsch genug für ein Model. Sie würde absolut zu den anderen Bildern an Sarahs Zimmerwand passen. „Und das sind Jillian, Tabitha und Emma.“

Natürlich mussten sie ihr nicht vorgestellt werden, aber Sarah sagte „Hi“, als habe sie sie nie zuvor gesehen.

„Und“, erkundigte sich Lydia, „von wem ist dein Kleid?“

Sarah hatte genug Modesendungen im Fernsehen gesehen, um zu wissen, dass Lydia nach dem Designer fragte. „Es ist von Saks Fifth Avenue“, sagte sie. Und das stimmte. Auf dem Label des Kleides stand tatsächlich SAKS FIFTH AVENUE. Allerdings hatten Sarah und ihre Mutter es in einem Secondhandladen in der Nähe gekauft. Ihre Mutter war völlig begeistert gewesen, als sie es gefunden hatten. Sie liebte Secondhand.

„Wie oft kommst du nach New York?“, wollte Lydia wissen.

„Ein oder zweimal im Jahr“, log Sarah. Sie war mit elf einmal in New York gewesen. Ihre Mutter und sie hatten ein Musical am Broadway gesehen, waren mit der Fähre zur Freiheitsstatue gefahren und hatten auf der Spitze des

Empire State Buildings gestanden. In schicken Läden allerdings hatten sie nicht eingekauft. Das einzige Kleidungsstück, das Sarah gekauft hatte, war ein T-Shirt in einem Andenkenshop gewesen, auf dem stand: I Love New York. Nach ein paar Wäschen war es so dünn gewesen wie ein Papiertaschentuch, aber manchmal schlief sie noch darin.

„Und was machen deine Mutter und dein Vater beruflich, Sarah?", fragte Emma und musterte sie mit ihren braunen Rehaugen.

Sarah bemühte sich, bei dem Wort „Vater" nicht sichtbar zusammenzuzucken. „Mutter ist Sozialarbeiterin und Vater …" Bevor ihr Vater Sarah und ihre Mutter verlassen hatte, war er LKW-Fahrer und viel unterwegs gewesen. Heute war sie sich nicht einmal mehr sicher, was er arbeitete oder wo er wohnte. Er zog viel um, wechselte oft seine Freundinnen. An Weihnachten und an ihrem Geburtstag rief er immer an. „Er ist… Er ist Anwalt."

Die Schönheiten nickten zustimmend. „Noch eine Frage …" Sie kam von Jillian, der Rothaarigen mit den grünen Katzenaugen. „Hast du einen Freund?"

Sarah spürte, wie ihr heiß wurde. „Nein, im Moment nicht."

„Und …", hakte Jillian nach und beugte sich dabei vor. „Gibt es einen Jungen, den du magst?"

Sarah wusste, ihr Gesicht musste inzwischen so rot sein wie ihr Kleid. „Ja."

Jillian lächelte. „Und er heißt …?"

Sarah blickte sich um, weil sie sichergehen wollte, dass er nicht in der Nähe war. „Mason Blair", flüsterte sie fast.

„Uuh! Der ist heiß“, meinte Jillian.

„Absolut heiß“, stimmte Lydia zu.

„Sehr heiß“, wiederholten die anderen beiden Mädchen im Chor.

„Pass auf“, sagte Lydia und musterte Sarah. „Folge uns nicht wie ein kleiner Hund, aber wenn du in der Mittagspause bei uns sitzen willst, dann setz dich zu uns. Sonntagnachmittags gehen wir ins Einkaufszentrum, probieren Sachen an und Make-up und holen uns vielleicht ein Frozen Yogurt. Es ist nichts Besonderes, aber wenigstens haben wir was zu tun. Diese Stadt ist soooo langweilig.“ Sie gähnte demonstrativ.

„So langweilig“, stimmte Sarah ihr zu, doch innerlich vibrierte sie vor Begeisterung.

Lydia nickte. „Wir verbringen mal ein bisschen Zeit zusammen und sehen dann, wie es läuft. Wenn es funktioniert, kannst du dich vielleicht nächstes Jahr als Cheerleader bewerben. Sieh es einfach als Probezeit.“

Als Sarah die Cafeteria verließ, lächelte sie vor sich hin. Abby holte sie ein.

„Das sah aus wie ein ziemlich anstrengendes Vorstellungsgespräch eben“, meinte Abby. Sie trug graue Jogginghosen mit einem weiten roten Pulli, der nichts von ihrer Figur verriet.

„Ja, in gewisser Weise. Sie haben mich eingeladen, Zeit mit ihnen zu verbringen, deswegen habe ich den Test wohl bestanden.“ Sie bekam das Lächeln gar nicht mehr aus dem Gesicht.

Abby hob eine Augenbraue. „Und das sind die Freundinnen, die du dir wünschst? Die dich erstmal einem Test unterziehen?“

„Sie sind cool, Abby. Sie wissen alles über Mode und Make-up und Typen.“

„Sie sind völlig flach, Sarah. Sie sind so flach wie eine Regenpfütze. Nein, das nehme ich zurück. Sie sind so flach, dass eine Regenpfütze wie ein Ozean wirkt.“

Sarah schüttelte den Kopf. Sie mochte Abby, das tat sie wirklich, aber warum urteilte sie so herablassend? „Aber sie regieren die Schule. So funktioniert das nun mal. Es sind die schönen Menschen, die bekommen, was sie wollen.“ Sie betrachtete Abbys tolle hellbraune Haut und ihre eindrucksvollen dunklen Augen. „Du könntest auch schön sein, Abby. Du wärst das hübscheste Mädchen der Schule, wenn du dich von deiner Brille und deinen Zöpfen trennen und dir ein paar Sachen zulegen würdest, die weniger sackartig sind.“

„Wenn ich meine Brille nicht trage, laufe ich gegen die Wände“, erwiderte Abby und klang ein bisschen gereizt. „Und ich mag meine Zöpfe und meine weiten Sachen. Ganz besonders diesen Pullover. Er ist bequem.“ Sie zuckte mit den Achseln. „Wahrscheinlich mag ich mich einfach so, wie ich bin. Tut mir leid, wenn ich nicht schick oder modisch genug bin für dich. Ich bin nicht wie diese Cheerleader oder all die Models und Popstars, mit denen du dein Zimmer zugepflastert hast. Aber weißt du was? Ich bin ein netter Mensch, und ich beurteile Leute nicht danach, wie sie aussehen oder wie viel Geld sie haben. Und ich lasse auch niemanden erst irgendeine Aufgabe lösen, bevor ich entscheide, ob jemand Zeit mit mir verbringen darf oder nicht.“ Prüfend betrachtete sie Sarahs Gesicht. „Du hast dich verändert, Sarah. Und nicht zum Besseren.“ Abby drehte sich auf dem Absatz um und marschierte den Gang hinunter.

Sarah wusste, dass Abby ein bisschen wütend auf sie war. Aber sie wusste auch, dass eine Entschuldigung und eine Umarmung alles wieder ins Lot bringen würden, sobald sie sich wieder beruhigt hatte.

Als Sarah nach dem Klingeln auf dem Weg zum Bus war, spürte sie plötzlich, dass jemand neben ihr ging.

„Hi“, sagte eine männliche Stimme.

Sie wandte sich um und sah Mason Blair. In seinem blauen Hemd, das die Farbe seiner Augen noch unterstrich, sah er absolut perfekt aus. „Oh … hi.“

„Lydia meinte, ihr habt heute in der Cafeteria über mich gesprochen.“

„Nun ja, ich … äh …“ Sarah wäre am liebsten weggelaufen.

„Hör mal, falls du nichts Besseres zu tun hast, wollen wir dann zusammen rüber zur Braunen Kuh gehen und ein Eis essen?“

Sarah lächelte. Sie konnte kaum glauben, was für ein Glück sie heute hatte. „Ich habe nichts Besseres zu tun.“

Die Braune Kuh war eine kleine Hütte, in der es Softeis und Milchshakes gab. Sie befand sich auf der anderen Straßenseite gegenüber der Schule, aber Sarah widerstand normalerweise der Versuchung, sich dort etwas zu holen, weil sie sich immer Sorgen um ihr Gewicht machte.

Nun stand sie neben Mason am Tresen, wo immer dieselbe gelangweilte alte Frau die Bestellungen entgegennahm. „Schokolade, Vanille oder gemischt?“, fragte Mason.

„Gemischt“, erwiderte Sarah und machte Anstalten, nach ihrem Geld zu greifen.

„Nein“, sagte Mason und hob die Hand. „Ich übernehme das. Ist ja kein teures Date. Das kann ich mir leisten.“

„Danke.“ Er hatte *Date* gesagt. Es war ein richtiges Date. Sarahs erstes.

Dann saßen sie an einem der Picknicktische einander gegenüber. Mason biss einfach in sein Waffelhörnchen, aber Sarah leckte nur daran. Sie wollte vor Mason nicht wie eine Wildsau fressen, und sie fürchtete, dass sie auf ihr Kleid kleckern und dann schlampig aussehen könnte. „Ich habe seit Ewigkeiten kein Eis mehr gegessen“, meinte sie.

„Wie kommt das?“, wollte Mason wissen. „Hast du auf dein Gewicht geachtet?“

Sarah nickte.

„Da brauchst du dir echt keine Sorgen zu machen“, sagte Mason. „Du siehst toll aus. Es ist schon komisch. Du bist schon lange auf dieser Schule, oder? Keine Ahnung, warum du mir erst jetzt aufgefallen bist.“

Sarah spürte, wie sie rot wurde. „Du hast mich bemerkt, als ich mit dem Salat gegen dich geprallt bin, oder?“

Mason blickte sie mit seinen tiefblauen Augen unter den dunklen Wimpern hervor an. „Ich habe dich dabei nicht so bemerkt, wie ich es hätte tun sollen. Ich muss einfach besser aufpassen.“

„Ich auch", erwiderte Sarah, „damit ich nicht mit Händen voller Salat die Leute umpflüge."

Mason lachte und zeigte dabei wieder seine großartigen weißen Zähne.

Es verblüffte Sarah, wie selbstsicher ihr neues Aussehen sie machte. Sie konnte mit einem hübschen Jungen Eis essen und Witze mit ihm machen. Die alte Sarah wäre dazu viel zu schüchtern gewesen. Und ein hübscher Junge hätte die alte, so falsch zusammengebaute Sarah auch überhaupt nicht zu einem Eis eingeladen.

Als sie ihre Waffelhörnchen verspeist hatten, sagte Mason: „Wohnst du irgendwo in der Nähe? Ich könnte dich nach Hause bringen, wenn du willst."

Sarah spürte einen Stich der Angst. Masons Vater war Arzt und seine Mutter eine erfolgreiche Maklerin, deren Gesicht auf allen möglichen Plakaten prangte. Seine Familie lebte wahrscheinlich in einer Villa im schicken Teil der Stadt. Sie war noch nicht so weit, dass sie mit ihm an dem Schrottplatz vorbei zu dem schlichten kleinen Drei-Zimmer-Bungalow gehen konnte, in dem sie mit ihrer alleinerziehenden Mutter lebte, die sich nur gerade so von Monat zu Monat hangelte. „Äh … ich muss heute Nachmittag ein paar Sachen erledigen. Vielleicht ein anderes Mal?"

„Ja, klar. Okay." Bildete Sarah sich das nur ein, oder war er irgendwie enttäuscht? Er blickte hinunter auf seine Schuhe, dann sah er Sarah wieder an. „Vielleicht könnten wir ja mal richtig zusammen ausgehen. Eine Pizza essen und ins Kino."

Sarah war sich ziemlich sicher, dass ihr Herz gerade einen doppelten Salto geschlagen hatte. „Ja, klar."

Seine Miene heiterte sich wieder auf. „Wie wäre es mit Samstagabend? Nur wenn du Zeit hast natürlich."

Sarah unterdrückte ein Lachen. Hat es jemals einen Samstagabend gegeben, an dem sie *keine* Zeit gehabt hatte? Auf der anderen Seite wollte sie nicht allzu begierig klingen. „Ich glaube schon, ja."

„Toll. Dann machen wir es so."

Sarah konnte es gar nicht abwarten, dass Eleanor aufwachte, um ihr zu erzählen, was heute passiert war. Endlich, nach einer Ewigkeit, drehte Eleanor ihre Hüften, hob ihre Arme und sagte: „Hallo Sarah."

Sarah lief zu Eleanor und nahm ihre beiden Hände in ihre. „Oh Eleanor, ich hatte den schönsten Tag meines Lebens!"

Eleanor wandte ihr den Kopf zu. „Erzähl mir davon, Sarah."

Sarah warf sich aufs Bett und stopfte sich ein Kissen unter den Kopf. „Ich weiß gar nicht, wo ich anfangen soll. Die Schönen haben mich in der Mittagspause an ihrem Tisch sitzen lassen, und sie haben mich eingeladen, mich am Sonntag mit ihnen im Einkaufszentrum zu treffen."

Eleanor nickte. „Das sind gute Nachrichten, Sarah."

Sarah beugte sich vor und umschlang den alten Freddy-Fazbear-Teddy auf ihrem Bett.

„Und dann hat Mason Blair mich nach der Schule zum Eis eingeladen und gefragt, ob wir am Samstag nicht abends zusammen etwas essen und dann ins Kino gehen wollen!“

„Das ist sehr aufregend.“ Eleanor trat näher an Sarah heran, beugte sich in der Hüfte vor und berührte ihre Wange. „Ist er ein gut aussehender Junge, Sarah?“

Sarah nickte. Sie konnte gar nicht aufhören zu lächeln. „Ja. Sehr.“

„Bist du glücklich, Sarah?“

Sarah lachte und wiederholte: „Ja. Sehr.“

„Habe ich dir alles geben können, was du dir gewünscht hast?“

Sarah fiel kein einziger weiterer Wunsch ein. Sie war schön und einfach perfekt, und ihr Leben war nun ebenfalls schön und perfekt. „Ja, das hast du.“

„Dann habe ich auch alles erreicht, was ich mir gewünscht habe“, sagte Eleanor. „Aber vergiss nicht, auch wenn alle deine Wünsche gewährt worden sind, musst du die Kette immer tragen. Du darfst sie …“

„… niemals abnehmen. Das vergesse ich nicht“, erklärte Sarah. Sie war immer versucht, Eleanor zu fragen, was denn geschehen würde, wenn sie sie abnahm, aber aus irgendeinem Grund fürchtete sie die Antwort.

„Dich glücklich zu machen, macht mich glücklich, Sarah“, sagte Eleanor.

Sarah spürte, wie ihr Tränen in ihre neuerdings wunderschönen blauen Augen stiegen. Sie wusste, sie hatte noch nie eine bessere Freundin gehabt als Eleanor.

Den ganzen Samstag über vibrierte Sarah vor Nervosität. Von dem Augenblick an, als sie aufgewacht war, konnte sie an nichts anderes mehr denken als an das Date. Beim Frühstück war sie zu nervös, um viel zu essen, obwohl ihre Mutter French Toast gemacht hatte, Sarahs Lieblingsessen. „Du fährst mich zu der Pizzeria und setzt mich da um sechs Uhr ab, oder?", fragte sie.

„Natürlich", erwiderte ihre Mutter, während sie in der Zeitung blätterte.

„Und du setzt mich einfach nur ab, oder? Du kommst nicht mit mir rein oder so?"

Ihre Mutter lächelte. „Ich verspreche, ich werde deine frische Beziehung nicht aufs Spiel setzen, indem ich deinen Galan einen Blick auf mein fürchterliches Gesicht erhaschen lasse."

Sarah lachte. „Das ist es nicht, Mom. Du bist wirklich richtig hübsch. Es wirkt nur ein bisschen kindisch, wenn die eigene Mutter mitkommt, weißt du?"

„Ich weiß", erwiderte ihre Mutter und nippte an ihrem Kaffee. „Ich war auch mal vierzehn, ob du es glaubst oder nicht."

„Und bist du dann auf deinem Dinosaurier zu dem Date geritten?", fragte Sarah.

„Manchmal", meinte ihre Mutter. „Aber meistens habe ich die Jungs in die Familienhöhle eingeladen." Sie streckte die Hand aus und fuhr Sarah durchs Haar. „Sei nicht so ein Naseweis, sonst beschließe ich vielleicht noch, dass ich zu alt und klapprig bin, um dich heute Abend zu fahren. Hast du dir schon überlegt, was du anziehen willst?"

Bei dieser Frage stieß Sarah einen dramatischen Seufzer aus. „Ich kann mich nicht entscheiden! Ich meine, wir essen doch nur Pizza und gehen dann ins Kino, deswegen will ich mich nicht anziehen, als sei es das wichtigste Ereignis in meinem Leben. Auf der anderen Seite ist es wirklich wichtig, wie ich aussehe!"

„Dann zieh Jeans an und ein nettes Oberteil. Du bist ein bildschönes Mädchen, Sarah. Egal, wofür du dich entscheidest, du wirst immer toll aussehen.

„Danke, Mom." Sie erinnerte sich daran, was Eleanor über Mütter gesagt hatte, dass sie immer überzeugt waren, wunderschöne Kinder zu haben. Sie wusste aber, dass ihre Mutter nichts dergleichen zu ihr gesagt hätte, bevor Eleanor ihr geholfen hatte.

Als sie auf den Parkplatz des Pizza Palazzo einbogen, hatte Sarah den Bauch so voller Schmetterlinge, dass sie sich kaum vorstellen konnte, noch einen Bissen Pizza herunterzubekommen. Sie wusste, dass sie hübsch aussah, und das tröstete sie etwas.

„Schreib mir, wenn der Film vorbei ist, dann hol ich dich ab", sagte Mutter. Sie griff nach Sarahs Hand und drückte sie. „Und hab viel Spaß."

„Ich versuche es", erwiderte Sarah. Bis vor Kurzem war der Gedanke, mit Mason Blair auszugehen, ungefähr so realistisch gewesen wie der Gedanke, sich mit einem Popstar zu treffen. Es war eine Fantasie gewesen, etwas, wovon sie geträumt, aber was sie nie für möglich gehalten hätte. Warum war sie so nervös, obwohl sie es sich doch so lange gewünscht hatte? Vielleicht machte genau das sie nervös … die Tatsache, dass sie es so gern wollte.

Aber als sie den Pizza Palazzo betrat und sah, dass Mason bereits auf sie wartete, fühlte sie sich gleich ein wenig sicherer. Er stand auf und schenkte ihr sein umwerfendes Lächeln. „Hi. Du siehst toll aus", sagte er.

„Danke." Sie fand, dass das türkisfarbene Oberteil, das sie ausgesucht hatte, gut zu ihren Augen passte. „Du auch." Er trug einen lässigen Hoodie und ein T-Shirt mit einem Aufdruck aus irgendeinem Computerspiel, aber ihm stand sowieso einfach alles.

Nachdem sie sich in einer der mit rotem Leder bezogenen Sitznischen niedergelassen hatten, nahm Mason sich eine der Speisekarten und fragte: „Auf was für eine Pizza stehst du? Dünne Kruste? Dicke Kruste? Irgendwelche Lieblingsauflagen?"

„Was Pizza angeht, bin ich flexibel", erwiderte Sarah. Trotz ihrer ursprünglichen Nervosität bekam sie allmählich Hunger. „Ich mag einfach grundsätzlich gern Pizza. Außer einer Sache. Ananas auf Pizza geht für mich gar nicht."

„Ganz meine Meinung!", meinte Mason lachend. „Ananas auf Pizza ist abscheulich. Das sollte verboten werden."

„Ich bin froh, dass wir uns da einig sind", erwiderte Sarah. „Wenn nicht, hätte ich dich wahrscheinlich einfach hier sitzen lassen müssen."

„Und das hätte ich dann auch vollkommen verdient", sagte Mason.

„Leute, die Pizza mit Ananas essen, haben es verdient, einsam zu sein."

Sie einigten sich auf eine Pizza mit Peperoni und Pilzen und dünner Kruste, und während sie aßen, unterhielten sie sich über ihre Familien und ihre Hobbys. Mason hatte eine Menge Interessen, und Sarah wurde klar, wie wenige sie selbst hatte. Vor Eleanor hatte sie viel zu viel ihrer freien Zeit damit verbracht, sich Gedanken über ihr Äußeres zu machen. Jetzt, da das Problem gelöst war, würde sie sich um andere Dinge kümmern müssen – mehr Musik hören, mehr Bücher lesen, vielleicht mit Yoga oder Schwimmen anfangen. Als kleines Kind war Sarah unglaublich gern geschwommen, doch seit der Mittelschule war sie zu unsicher gewesen, als dass sie sich irgendjemandem im Badeanzug gezeigt hätte.

Als sie und Mason schließlich in das Kino gingen, das gleich nebenan lag, hatte Sarah das Gefühl, dass sie einander schon ziemlich gut kannten. Er war nicht nur hübsch. Er war auch nett und witzig. Und als er dann im dunklen Kinosaal nach ihrer Hand griff, war das der absolut perfekte Augenblick an einem perfekten Abend.

Als sie wieder zu Hause war und ihr Nachthemd überstreifte, trat Eleanor leise hinter sie und legte ihr eine Hand auf die Schulter.

Sarah erschrak, fing sich aber schnell. „Hi Eleanor", sagte sie.

„Hallo Sarah. Wie war dein Date?", fragte sie.

Sarah spürte, wie sie unwillkürlich lächeln musste, als sie nur daran dachte. „Es war toll", sagte sie. „Er ist umwerfend, aber ich mag ihn auch als Mensch, weißt du? Er hat mich gefragt, ob ich nächste Woche mit ihm zum Basketball gehen will. Ich interessiere mich nicht für Basketball, aber ich interessiere mich absolut für ihn, deswegen gehe ich mit."

Eleanor stieß ihr blechernes Lachen aus. „Dann war heute Abend also alles so, wie du es dir erhofft hattest?"

Sarah lächelte ihre Roboterfreundin an. „Es war noch besser als das."

„Ich bin glücklich, dass du glücklich bist", sagte Eleanor nur, dann ging sie wieder zurück auf ihren Platz in der Ecke. „Gute Nacht, Sarah."

Am nächsten Morgen fand Sarah ihre Mutter im Hauswirtschaftsraum. „Kannst du mich heute Nachmittag ins Einkaufszentrum fahren, damit ich mich mit meinen Freundinnen treffen kann?", fragte sie.

Ihre Mutter räumte gerade den Trockner aus und blickte auf. Sie lächelte. „Dieses Wochenende gehst du aber richtig unter Leute. Wann hast du dich denn mit ihnen verabredet?" Sie faltete ein Handtuch und legte es in den Wäschekorb.

„Sie haben nur am Nachmittag gesagt", erwiderte Sarah.

„Das ist ziemlich vage, oder?", entgegnete ihre Mutter und faltete noch ein Handtuch zusammen.

„Keine Ahnung. Ich hatte das Gefühl, ich sollte wissen, wann das ist." Es hatte sie so schockiert, tatsächlich von den Schönen akzeptiert zu werden, selbst nur auf Probe, dass sie sich nicht getraut hatte, Fragen zu stellen.

„Erwarten deine neuen Freundinnen von dir, dass du hellsehen kannst?", wollte ihre Mutter wissen.

„Du magst meine neuen Freundinnen nicht, oder?“, fragte Sarah.

„Ich kenne deine neuen *Freundinnen* nicht, Sarah. Ich weiß nur, dass es Mädchen sind, die sich nie um dich gekümmert haben, und nun laden sie dich plötzlich ein, mit ihnen mitzukommen. Das ist schon seltsam. Ich meine, was hat sich geändert?“

Ich habe mich geändert, dachte Sarah. *Sieh mich doch an.* Doch sie sagte: „Vielleicht haben sie endlich entschieden, dass ich doch ein ganz netter Mensch bin.“

„Ja, aber warum haben sie dafür so lange gebraucht?“, gab ihre Mutter zu bedenken. „Weißt du, welche deiner Freundinnen ich mag? Abby. Sie ist klug und sie ist freundlich und sie ist geradeaus. Bei jemandem wie Abby weißt du immer, woran du bist.“

Sarah wollte ihrer Mutter nicht erzählen, dass sie und Abby im Moment nicht miteinander sprachen, deswegen sagte sie stattdessen: „Um zwei. Wie wäre es, wenn du mich um zwei zum Center fährst?“

„Okay.“ Ihre Mutter warf ein Handtuch zu ihr. „Hilf mir beim Falten.“

Als Sarah am Einkaufszentrum abgesetzt wurde, fiel ihr auf, dass Lydia auch nichts darüber gesagt hatte, wo sie die anderen treffen könne. Das Center war nicht besonders weitläufig, doch es war groß genug, sodass die Suche nach ihnen in ein kompliziertes Versteckspiel ausarten konnte. Sie könnte Lydia schreiben, dachte sie, doch sie hatte das Gefühl, um von der Gruppe akzeptiert zu werden, musste sie solche Dinge selbst herausfinden, ohne den anderen auf die Nerven zu gehen. Und wenn sie erst noch eine Probezeit hinter sich bringen musste, um aufgenommen zu werden, wollte sie keine Fehler machen. Sonst würde sie ganz schnell beim Mittagessen wieder am Verlierertisch sitzen.

Nachdem sie einen Moment nachgedacht hatte, beschloss sie, zu Diller's zu gehen, dem teuersten Laden im Center. Die Schönen würden ganz bestimmt nirgends zu finden sein, wo es billig war.

Sie lag richtig. Sie entdeckte die anderen gleich am Eingang in der Kosmetikabteilung, wo sie Lippenstifte ausprobierten. „Sarah, du hast es geschafft!", meinte Lydia und grinste sie mit blutroten Lippen an. Sobald Lydia sie anlächelte, lächelten die anderen Mädchen auch.

„Hi", sagte Sarah und erwiderte das Lächeln. Sie hatte es wirklich geschafft. Und nicht nur zum Center. Sie sah toll aus, sie hatte einen umwerfenden und netten Freund und war mit den schönsten Mädchen der Schule befreundet. Niemals wäre sie auf den Gedanken gekommen, dass ihr Leben so toll sein könnte.

„Ooh, Sarah, versuch mal diesen", meinte Jillian und hielt eine goldene Hülse hoch. „Es ist Pink mit Glitzer. Das passt perfekt zu deinem Hautton."

Sarah nahm den Stift, beugte sich über den kleinen Spiegel auf dem Tresen und trug den Lippenstift auf. Er stand ihr wirklich gut. Und er passte zu dem rosigen Nagellack, der nie von ihren Fingern und Zehen zu verschwinden schien. „Sieht aus wie der Lippenstift einer Prinzessin", meinte sie und betrachtete begeistert ihr Spiegelbild.

„Das stimmt wirklich“, sagte Tabitha und öffnete eine andere Farbe. „Ihre Königliche Hoheit, Prinzessin Sarah.“

„Den solltest du dir unbedingt kaufen“, erklärte Lydia und nickte anerkennend.

Sarah versuchte unbemerkt, den Preis des Lippenstifts zu erkennen. 40 Dollar. Sie konnte nur hoffen, dass man ihr den Schock nicht ansah. Das war mehr, als sie für das ganze Outfit bezahlt hatte, das sie trug. Auf der anderen Seite würde sie in einem Secondhandladen wahrscheinlich keinen Lippenstift bekommen. „Ich überlege es mir“, sagte sie.

„Ach, jetzt komm“, sagte Emma. „Gönn dir was.“

„Ich möchte mich noch ein bisschen umsehen“, erwiderte Sarah. „Ich bin ja gerade erst gekommen.“

Sie wollte nicht zugeben, dass das Geld, das sie in der Tasche hatte, gerade für einen Frozen Yogurt und eine Limonade reichen würde. Die Schönen dagegen kauften Lippenstifte und Lidschatten und Rouge und Augenbrauenstifte, und sie bezahlten mit Bündeln von Geld oder mit der Kreditkarte ihres Vaters.

Nachdem sie in der Make-up-Abteilung fertig waren, machten sie sich auf die Suche nach Abendkleidern, denn, so sagte Lydia: „Der Abschlussball steht vor der Tür.“

„Ist der nicht nur für die Elft- und Zwölftklässler?“, fragte Sarah.

„Und für deren Dates“, erklärte Lydia. „Wenn du also jemanden aus der elften oder zwölften Klasse findest, der dich mitnimmt, steht der Ball praktisch vor der Tür.“ Sie stieß Sarah an. „Wie schade, dass Mason nicht älter ist.“

„Ja“, sagte Sarah. Aber sie meinte es nicht. Sie mochte Mason genau, wie er war. Außerdem wusste sie nicht, ob sie überhaupt schon dafür bereit war, mit einem älteren Jungen auszugehen.

Die Kleider waren wirklich wunderschön. Sie hatten die Farben von Edelsteinen: saphirblau, rubinrot, smaragdgrün. Einige funkelten, andere waren seidenglatt und schimmerten, und wieder andere waren durchscheinend und aus Spitze und Tüll. Abwechselnd probierten sie verschiedene Kleider an, betrachteten sich im Spiegel und machten mit ihren Smartphones Fotos voneinander. Eine Verkäuferin sah ihnen eine halbe Stunde mit mürrischem Gesicht zu, dann kam sie herüber und fragte: „Wollt ihr wirklich eins von den Kleidern kaufen oder spielt ihr nur verkleiden?“

Sie ließen die Kleider liegen und flohen kichernd aus der Abteilung.

„Ich glaube nicht, dass die Verkäuferin uns besonders gemocht hat“, meinte Jillian, als sie den Laden verließen.

„Na und?“, erwiderte Lydia lachend. „Sie hat mir nichts zu sagen. Sie ist nur eine Verkäuferin. Sie bekommt höchstens den Mindestlohn, wenn sie Glück hat. Ich glaube kaum, dass sie sich die Sachen leisten könnte, die sie da verkauft.“

Sie gingen in den Restaurantbereich des Centers, aßen ein Frozen Yogurt und amüsierten sich darüber, wie frech sie gewesen waren. „Wollt ihr wirklich eins von den Kleidern kaufen oder spielt ihr nur verkleiden?“, sagte Lydia immer wieder und machte dabei die Verkäuferin nach.

Alle lachten, und Sarah lachte mit, obwohl sie dachte, dass es gegenüber der Verkäuferin nicht besonders fair gewesen war, die nur versucht hatte, ihren Job zu machen. Jillian und Emma hatten die Kleider, die sie anprobiert hatten, einfach auf dem Boden der Umkleidekabinen zurückgelassen. Jetzt musste die Verkäuferin wahrscheinlich alles aufräumen.

Aber es stand Sarah nicht zu, die Schönen zu kritisieren. Schließlich war es eine Ehre, dass sie eingeladen worden war, Zeit mit ihnen zu verbringen. Es war irgendwie glamourös und aufregend, als sei sie Gast in einer Realityshow im Fernsehen. Egal, was sie sagten oder taten, Sarah war glücklich, dabei sein zu dürfen. Das Date am Tag zuvor mit Mason war perfekt gewesen, und jetzt durfte sie mit den Schönen unterwegs sein. Wie konnte sie Eleanor jemals ihre Dankbarkeit zeigen? Mit Worten war die überhaupt nicht auszudrücken.

Am Abend, als Eleanor zum Leben erwachte, sprang Sarah auf und umarmte den kleinen harten Körper des Roboters. „Vielen Dank, Eleanor. Vielen Dank für ein perfektes Wochenende."

„Gern geschehen, Sarah." Eleanor umarmte sie ebenfalls, und wie immer fühlte es sich seltsam an. Ihre Umarmung hatte so gar nichts Weiches. „Es ist das Mindeste, was ich tun konnte. Du hast mir so viel gegeben."

Bald darauf ging Sarah ins Bett, doch ihr Schlaf wurde durch einen seltsamen Traum gestört. Sie saß mit Mason im Kino, doch als er nach ihrer Hand fasste, war es nicht seine Hand, die sie ergriff, sondern Eleanors – winzig, weiß, metallisch und kalt, dieselbe Hand, die Sarah gepackt hatte, um das Robotermädchen aus dem Kofferraum zu ziehen. Als sie sich Mason auf dem Platz neben ihr zuwandte, hatte er sich in Eleanor verwandelt. Eleanor lächelte und entblößte dabei messerscharfe Zähne.

Im Traum schrie Sarah.

Sie öffnete die Augen und sah, dass Eleanor über ihr Bett gebeugt dastand, den Kopf gesenkt, und sie mit ihren ausdruckslosen grünen Augen ansah.

Sarah schnappte nach Luft. „Hab ich im Schlaf irgendein Geräusch gemacht?"

„Nein, Sarah."

Sarah musterte Eleanor, die so dicht an ihrem Bett stand, dass sie es berührte. „Was machst du dann hier bei mir am Bett?"

„Wusstest du das nicht, Sarah?", erwiderte Eleanor und strich Sarahs Haar zurück. „Das mache ich jede Nacht. Ich beschütze dich. Damit dir nichts passiert."

Vielleicht lag es an dem Traum, aber aus irgendeinem Grund gefiel es Sarah auf einmal nicht, wenn Eleanor sie berührte. „Du beschützt mich wovor?", wollte Sarah wissen.

„Vor Gefahr. Vor jeder möglichen Gefahr. Ich möchte dich beschützen, Sarah."

„Äh … okay. Dann danke." Sie wusste Eleanors Sorge zu schätzen, war dankbar für alles, was sie für sie getan hatte, trotzdem war es unheimlich, wenn einen jemand beobachtete, wenn man nichts davon ahnte … selbst wenn derjenige das mit den besten Absichten tat.

„Ich kann neben der Tür stehen, wenn dir das lieber ist, Sarah“, bot Eleanor an.

„Ja, das wäre toll.“ Sarah war sich ziemlich sicher, dass sie nicht wieder würde einschlafen können, wenn Eleanor weiter so über sie gebeugt dastehen würde.

Eleanor ging hinüber zur Tür und nahm dort Aufstellung. „Gute Nacht, Sarah. Schlaf gut.“

„Gute Nacht, Eleanor.“ Sarah schlief nicht gut. Sie wusste nicht, was es war, aber irgendetwas stimmte nicht.

In der Cafeteria stand Sarah mit den anderen Schönen in einer Schlange, um ihre Tabletts wegzubringen. Lydia hatte ihr am Abend zuvor geschrieben, dass sie heute alle ihre Skinny Jeans anziehen würden, also trug Sarah ihre ebenfalls. Sie hatte die Jeans und ein paar Oberteile und dazu mehrere Paar Schuhe gekauft, als ihre Mutter in der vergangenen Woche mit ihr einkaufen gefahren war. Sie hatten auch ein paar BHs erstanden, die ihrer neuen Figur gerecht wurden.

„Seht euch bloß an, was die anhat? Sie kleidet sich wie ein Kindergartenkind“, meinte Lydia.

„Wie ein Kindergartenkind aus einer armen Familie“, fügte Tabitha hinzu.

Mit Entsetzen erkannte Sarah, dass es sich bei dem Mädchen, über das sie herzogen, um Abby handelte, die vor ihnen ihr Tablett abstellte. Es stimmte, Abby trug einen pinkfarbenen Overall, deswegen war der Spruch mit dem Kindergartenkind nicht völlig aus der Luft gegriffen. Aber es erschien Sarah mies, einen Menschen auf seine Kleidung zu reduzieren, die er trug. „Das ist Abby“, hörte Sarah sich selbst sagen. „Sie ist sehr nett. Sie ist seit dem Kindergarten meine Freundin.“ Beinah hätte sie „beste Freundin“ gesagt, aber sie konnte sich noch rechtzeitig bremsen.

„Ja“, erwiderte Lydia lachend. „Aber du hast dir seit dem Kindergarten neue Klamotten gekauft und sie nicht.“

Die Schönheiten lachten ebenfalls. Sarah versuchte, sich ein Lächeln abzuringen, aber es gelang ihr nicht.

Als Sarah an der Reihe war, um ihr Tablett abzustellen, trat sie auf irgendetwas Rutschiges. Ihre neuen Schuhe waren hübsch, aber sie hatten nicht viel Grip. Der Sturz fühlte sich an, als würde er ewig dauern, aber wahrscheinlich waren es nur Sekundenbruchteile. Dann lag sie flach auf dem Rücken, und das vor der ganzen Schule.

„Sarah, das war echt witzig!“, meinte Lydia. „Was für ein Trampeltier!“ Sie krümmte sich vor Lachen.

Alle Schönen lachten gemeinsam und riefen: Hast du gesehen, wie sie hingeknallt ist?“ Und „Sie ist aufgeschlagen wie eine Tonne Steine“ und „Wie peinlich ist das denn?“

Sarah war so benommen, dass sie nicht hätte sagen können, von welchem Mädchen welche Bemerkung kam. Ihre Stimmen klangen entfernt und verzerrt, fast so, als würde Sarah sie unter Wasser hören.

Sarah versuchte, sich aufzurappeln, aber irgendetwas Seltsames geschah mit ihrem Körper. Sie hörte seltsames Rasseln und Klappern und konnte nicht feststellen, woher das stammte. Es schien, als würden die Geräusche aus ihr selbst kommen, auch wenn das keinen Sinn ergab.

Sie zitterte und zuckte, und sie konnte ihren Körper nicht dazu bringen, sich so zu bewegen, wie er es normalerweise tat. Sie hatte ihn nicht mehr unter Kontrolle. Sarah bekam Angst. Hatte sie sich schlimm verletzt? Sollte lieber jemand ihre Mutter anrufen? Oder einen Krankenwagen holen?

Und warum halfen ihre neuen Freundinnen ihr nicht? Die lachten immer noch und machten Witze darüber, wie dämlich sie aussah und wie lustig das alles war.

Dann wich das Gelächter der Schönen auf einmal Schreien.

Als käme es von weit her, hörte Sarah Lydia sagen: „Was passiert mit ihr? Ich verstehe das nicht!"

„Keine Ahnung!", sagte eins der anderen Mädchen. „Irgendjemand muss doch was machen!"

„Holt einen Lehrer, schnell!", rief eine weitere.

Ein entsetzlicher Gedanke schoss ihr durch den Kopf. Sie fasste an ihren Hals. Die Kette, die Eleanor ihr geschenkt hatte – die Kette, die sie niemals abnehmen durfte – war weg. Sie musste sie sich beim Sturz abgerissen haben. Sie drehte den Kopf zur Seite und sah sie in etwas mehr als einer Armeslänge liegen. Sie musste sie wiederhaben.

Jemand streckte ihr die Hand entgegen, um ihr zu helfen. Sarah blickte auf, und erkannte, dass es Abby war. Sie ergriff die Hand und ließ sich auf die Füße ziehen. Als Sarah an sich herabblickte, begriff sie, warum die Mädchen geschrien hatten. Ihr Körper veränderte sich. Von der Hüfte abwärts war sie kein Mädchen aus Fleisch und Blut mehr, sondern ein Konstrukt aus Getrieben und Fahrradspeichen und Felgendeckeln und anderen rostigen Teilen, die allesamt auf einen Schrottplatz gehörten.

Sie blickte Abby in die Augen und sah darin das Entsetzen über das, was sie war und wozu sie sich entwickelt hatte.

„Ich… Ich muss los", sagte Sarah. Ihre Stimme klang anders, metallisch und kratzig.

Abby hielt ihr die Kette hin. „Die hast du verloren", sagte sie. Tränen glitzerten in ihren Augen.

„Danke, Abby. Du bist eine echte Freundin", erwiderte Sarah. Zu den Schönen, die alle zurückgewichen waren und miteinander flüsterten, sagte sie nichts.

Sarah griff nach dem Anhänger und lief so schnell, wie sie ihre metallenen Beine trugen, aus der Cafeteria und aus der Schule. Nach Hause. Sie musste nach Hause. Eleanor würde wissen, was zu tun war, würde wissen, wie sie ihr helfen konnte.

Sarah veränderte sich immer noch. Ihr Oberkörper verhärtete sich und wenn sie lief, erzeugte sie quietschende Geräusche, wie eine Tür, die dringend geölt werden musste. Sie versuchte, sich die Kette erneut umzulegen, doch ihre Finger waren inzwischen zu steif geworden, um mit dem Verschluss fertigzuwerden.

Während sie klappernd den Bürgersteig entlangwatschelte, blieben die Leute stehen und starrten sie an. Autofahrer fuhren langsamer, um zu gaffen. Die Menschen wirkten nicht mitleidig oder auch nur verwirrt. Sie hatten Angst. Sarah war ein Monster. Sie erschien wie etwas, dass ein verrückter Wissenschaftler in einem Labor erschaffen hatte. Es war nur eine Frage der Zeit, bis man sie mit Mistgabeln und Fackeln jagen würde. Am liebsten hätte sie geweint, doch offensichtlich war das Ding, zu dem sie geworden war, nicht in der Lage, Tränen zu produzieren. Vielleicht würden Tränen sie auch nur noch stärker rosten lassen.

Ihre Gelenke wurden steifer und steifer, und es wurde schwerer und schwerer, überhaupt vorwärtszukommen. Aber sie musste es nach Hause schaffen. Eleanor war die Einzige, die ihr helfen konnte.

Endlich, nach gefühlten Stunden, erreichte sie ihr Haus. Irgendwie schaffte sie es, den Schlüssel ins Schloss zu bekommen. Klirrend und rasselnd stakste sie durch das Wohnzimmer und den Flur entlang und rief: „Eleanor! Eleanor!“ Ihre Stimme war nur noch ein schreckliches metallisches Kratzen.

Eleanor stand nicht in ihrer Ecke in Sarahs Zimmer. Sarah sah in den Schrank, warf einen Blick unter das Bett, öffnete die Truhe am Fußende. Keine Eleanor.

Sarah stapfte durchs Haus, suchte das Zimmer ihrer Mutter ab, das Badezimmer, die Küche und rief die ganze Zeit mit ihrer fürchterlichen neuen Stimme nach Eleanor.

Die Garage war der einzige Ort, wo sie noch nicht nachgesehen hatte. Sie nahm die Hintertür, aber Türknöpfe zu öffnen, fiel ihr immer schwerer. Schließlich, nach ein paar verzweifelten Minuten, stand sie in der halbdunklen Garage.

„Eleanor!“, rief sie erneut. Ihr Kiefer war steif, und es fiel ihr immer schwerer, Worte zu formen. Eleanors Name klang inzwischen eher wie „Eh-nor“.

Vielleicht versteckte sich das Robotermädchen absichtlich vor ihr. Vielleicht war das ein Streich oder ein Spiel. Sie sah in dem deckenhohen Schrank an der Hinterseite der Garage nach. Dort konnte man sich bestimmt gut verstecken. Mit einigen Schwierigkeiten fasste sie den Griff der Schranktür und zog.

Eine Lawine kam ihr entgegen. Durchsichtige Plastikbeutel mit unterschiedlichem Inhalt und von unterschiedlicher Größe und unterschiedlichem Gewicht stürzten aus dem Schrank und fielen klatschend zu Boden.

Sarah betrachtete sie. Zuerst hatte ihr Hirn Schwierigkeiten, wirklich zu erfassen, was sie da sah. In einem Beutel befand sich ein menschliches Bein, in einem anderen ein menschlicher Arm. Es waren nicht die Körperteile eines Erwachsenen, und sie schienen auch nicht bei einem Unfall amputiert worden zu sein. Blut sammelte sich unten in den Beuteln, aber die Körperteile waren sauber abgetrennt worden wie bei einer Operation. Ein weiterer Beutel mit blutigen, verschlungenen Eingeweiden und etwas, das einer Leber ähnelte, fiel aus einem Schrankfach und landete ebenfalls mit feuchtem Klatschen auf dem Boden.

Warum lagen Körperteile in der Garage? Sarah verstand es nicht wirklich, bis sie einen kleinen Beutel entdeckte, in dem sich eine ihr wohlbekannte knollenartige Nase befand. Sie schrie, aber der Laut, den sie ausstieß, klang wie das Quietschen von Bremsen.

Hinter ihr ertönte ein metallisch klingendes Lachen.

Sarahs untere Hälfte war inzwischen fast unbeweglich

geworden, doch sie schaffte es, sich zu Eleanor umzudrehen.

„Ich habe deinen Wunsch wahr werden lassen, Sarah", sagte der hübsche Roboter und kicherte erneut. „Und als Gegenleistung …"

Sarah bemerkte etwas, dass sie noch nie zuvor bei Eleanor gesehen hatte. Es war ein herzförmiger Knopf direkt unter Eleanors Hals. Eine Kopie von Sarahs herzförmigem Anhänger.

Wieder lachte Eleanor, dann drückte sie auf den herzförmigen Knopf. Sie zuckte und bebte, aber sie wurde auch sichtbar weicher. Die silberne Oberfläche ihres Körpers verwandelte sich in den rosigen Ton heller Haut. Innerhalb weniger Sekunden wurde sie zu einer Doppelgängerin von Sarah. Der alten Sarah. Der richtigen Sarah. Der Sarah, die, wenn man es im Rückblick betrachtete, eigentlich gar nicht so schlecht ausgesehen hatte. Der Sarah, die sich viel zu viele Gedanken um ihr Äußeres gemacht hatte.

Abby hatte recht gehabt. Sie hatte in vielem recht gehabt.

Eleanor zog ein paar alte Jeans und einen Sweater von Sarah über und schlüpfte in ihre Tennisschuhe. „Meine Wünsche hast du ebenfalls wahr werden lassen", erklärte Eleanor und lächelte mit Sarahs altem Lächeln. Sie drückte auf den Knopf, der die Garagentür öffnete. Sonnenlicht strömte herein, und Eleanor-Sarah winkte kurz, dann tänzelte sie hinaus in den Sonnenschein und die Straße hinunter.

Sarah hörte nur noch ein ohrenbetäubendes Rasseln und Klirren. Sie konnte ihre Bewegungen nicht mehr kontrollieren. Verschiedene rostige Metallteile lösten sich von ihr und stürzten klappernd zu Boden. Sie fiel auseinander und sammelte sich als hässlicher Schrotthaufen am Boden. Nutzloser Müll, den man entsorgte und schlicht vergaß. In einem alten Spiegel, der an der Garagenwand lehnte, konnte sie sich sehen. Sie war kein hübsches Mädchen mehr, und nicht einmal mehr ein Mädchen. Nichts mehr an ihr erinnerte an ein menschlichen Wesen. Sie war nur noch ein rostiger alter Haufen Schrott.

Sie war traurig. Dann bekam sie Angst. Und dann fühlte sie überhaupt nichts mehr.

STIRB AUF EINE ANDERE ART

„Wenn das nicht Millie Fitzsimmons ist!“, ertönte dröhnend eine tiefe Stimme. In der Dunkelheit war es schwer zu sagen, wo genau sie herkam. Es hörte sich an, als käme sie von allen Seiten. „Dumme Millie, gruselige Millie, das totenbleiche Grufti-Mädchen, das ständig vom Tod träumt. Habe ich recht?“ „Wer bist du?“, fragte Millie. „*Wo* bist du?“

Über ihr verdrehten sich ein paar Furcht einflößend blaue Augen und blickten dann wieder hinunter in die Kammer.

„Ich bin genau hier, dumme Millie. Oder vielleicht sollte ich sagen, *du* bist hier. In meinem Bauch. Im Bauch des Ungeheuers könnte man sagen.“

„Du … bist der Bär?“ Millie fragte sich, ob sie eingeschlafen war, nachdem sie in den alten Roboter geklettert war, ob sie träumte. Das war alles einfach zu schräg.

„Betrachte mich ruhig als Freund. Dein Freund bis zum bitteren Ende. Wir müssen nur noch entscheiden, ob das Ende langsam kommt oder schnell.“

„Ich… Ich verstehe nicht.“ Allmählich bekam sie Platzangst. Sie versuchte, die Einstiegsklappe zu öffnen, doch die rührte sich nicht.

„Du wirst es bald verstehen, dumme Millie. Ihr Gruftis bringt mich einfach zum Lachen … alle angezogen wie professionelle Trauergäste, und immer so ernst. Ihr träumt vom Tod wie vom Sänger einer Boygroup und davon, dass es, wenn ihr ihn trefft, Liebe auf den ersten Blick sein wird. Also fröhliche Weihnachten, Millie! Ich werde deinen Traum wahr werden lassen. Es stellt sich nicht mehr die Frage ob du stirbst, sondern nur wie."

Was lief hier? Sie war auf jeden Fall wach. Hatte sie den Verstand verloren? War sie in den Wahnsinn abgeglitten wie eine Figur aus einer Geschichte von Edgar Allan Poe? „Ich… Ich möchte jetzt gerne wieder raus", sagte sie. Ihre Stimme klang zaghaft und sie bebte.

„Quatsch!", erwiderte die Stimme. „Du wirst hierbleiben, ganz gemütlich, während wir uns ausdenken, wie dein Traumdate mit dem Tod aussehen könnte. Du hast die freie Wahl, aber es wird mir eine Freude sein, dir ein paar Möglichkeiten vorzuschlagen."

„Möglichkeiten, wie ich sterbe?" Der kalte, metallische Geschmack von nackter Angst breitete sich auf ihrer Zunge aus. Fantasien über den Tod waren die eine Sache, aber das hier fühlte sich sehr real an.

Millie. Was für ein dämlicher Name. Sie war nach ihrer Urgroßmutter Millicent Fitzsimmons benannt worden. Aber Millie war kein Name, den man jemandem aufbürdete. So nannte man vielleicht eine Katze oder einen Hund, aber nicht einen Menschen.

Millies schwarze Katze hieß Annabel Lee nach dem

wunderschönen toten Mädchen aus dem Gedicht von Edgar Allan Poe, was bedeutete, dass Millies Katze einen schöneren Namen trug als sie selbst.

Aber, dachte Millie, es ergab durchaus einen Sinn, dass ihre Eltern sich einen so lächerlichen Namen ausgedacht hatten. Sie liebte die beiden, aber sie waren in mehrerlei Hinsicht ziemlich lächerlich, unbeständig und zu nichts zu gebrauchen. Ihre Eltern flatterten von Job zu Job, von Hobby zu Hobby und neuerdings, wie es schien, auch von Land zu Land.

Im Laufe des Sommers war Millies Vater eine zeitlich begrenzte Stellung als Lehrer in Saudi-Arabien angeboten worden. Ihre Mutter und ihr Vater hatten sie vor die Wahl gestellt, entweder mit ihnen zu kommen („Das wird ein Abenteuer!“, hatte ihre Mutter immer wieder gesagt) und von ihnen unterrichtet zu werden, oder für das eine Jahr zu ihrem überkandidelten Großvater zu ziehen und dort mit der Highschool zu beginnen.

Es war sozusagen das Gegenteil einer Win-win-Situation.

Sie hatte viel Zeit mit Weinen, Wutausbrüchen und mit Schmollen zugebracht, dann hatte sie den überkandidelten Großvater vorgezogen, anstatt mit ihren gut meinenden, aber unzuverlässigen Eltern in einem fremden Land zu stranden.

Daher saß Millie nun hier in ihrem merkwürdigen kleinen Zimmer im riesigen viktorianischen Haus ihres Großvaters. Sie musste zugeben, der Gedanke, in einem alten, weitläufigen, hundertfünfzig Jahre alten Haus zu leben, in dem ganz sicher irgendjemand irgendwann mal gestorben war, passte zu ihr. Das einzige Problem bestand darin, dass es bis zum Rand mit dem Gerümpel ihrer Großeltern vollgestopft war.

Millies Großvater war ein Sammler. Natürlich besitzen viele Leute Sammlungen – Comics oder Sammelkarten oder Actionfiguren. Aber ihr Großvater sammelte nichts Bestimmtes, sondern behielt alle möglichen Dinge. Er war ganz sicher ein Sammler, nur was genau er sammelte, da war sich Millie nicht sicher. Alles schien irgendwie zufällig. Im Wohnzimmer hingen an einer Wand alte Nummernschilder und Radkappen, an einer anderen alte Baseball und Tennisschläger. Auf der einen Seite neben der Eingangstür hielt eine lebensgroße Ritterrüstung Wache, und auf der anderen stand ein ausgestopfter Rotluchs, die Fänge drohend gebleckt. In einer Glasvitrine im Wohnzimmer saßen alte Porzellanpuppen mit winzigen Zähnen und leeren Glasaugen. Sie waren unheimlich, und Millie versuchte, sich von ihnen fernzuhalten, obwohl sie manchmal in ihren Albträumen auftauchten und mit diesen kleinen Zähnen nach ihr schnappten.

Ihr neues Schlafzimmer war einst der Handarbeitsraum ihrer Großmutter gewesen, und dort stand immer noch die alte Nähmaschine, obwohl ihre Großmutter gestorben war, bevor Millie geboren wurde. Großvater hatte ein schmales Bett und eine Kommode hineingeräumt, und sie hatte versucht, es sich dort gemütlich zu machen. Über die Nachttischlampe hatte sie einen durchsichtigen schwarzen Spitzenschal geworfen. Nun leuchtete sie nur noch matt. Auf die Kommode hatte Millie Tropfkerzen gestellt und Poster von Curt Carrion, ihrem Lieblingssänger, an die Wand gehängt.

Auf einem der Poster, dem Cover seines Albums *Totenstarre*, bleckte Curt metallene Fänge. Ein perfekter roter Blutstropfen glänzte an seinem Kinn.

Doch so sehr Millie auch versuchte, die Einrichtung des Zimmers an ihre Persönlichkeit anzupassen, es funktionierte nicht. Da waren die Nähmaschine und die cremefarbene Tapete mit winzigen pinkfarbenen Rosenknospen darauf. Selbst mit Curt Carrions gebleckten Metallfängen, die von der Wand herunter drohten, blieb dem Raum eine irgendwie süße und altdamenhafte Aura erhalten.

„Die Suppe steht auf dem Tisch!", rief ihr Großvater die Treppe herauf. Auf diese Weise kündigte er immer das Abendessen an, obwohl er noch nicht ein einziges Mal Suppe aufgetragen hatte.

„Ich bin in einer Minute da", rief Millie zurück. Eigentlich war es ihr egal, ob sie etwas zum Abendessen bekam. Langsam erhob sie sich vom Bett und ging die Treppe hinunter, wobei sie versuchte, nicht gegen irgendein Gerümpel zu stoßen oder darüber zu stolpern, obwohl es jeden Quadratzentimeter des Hauses zu füllen schien.

Im Speisezimmer traf Millie auf ihren Großvater. Eine Wand war mit Souvenirplaketten geschmückt, die mit den Namen und Sehenswürdigkeiten verschiedener Staaten bedruckt waren, die er mit ihrer Großmutter bereist hatte, als sie noch am Leben gewesen war.

Auf der gegenüberliegenden Seite hingen Nachbauten

von antiken Schwertern. Was es damit auf sich hatte, wusste Millie nicht.

Ihr Großvater war mindestens genauso seltsam wie seine Sammlungen. Sein dünnes graues Haar war immer zerzaust, und er trug jeden Tag dieselbe schäbige hellbraune Strickjacke. Wie er aussah, hätte er in einem alten Film einen exzentrischen Erfinder spielen können.

„Es ist aufgetragen, Madame", verkündete Großvater und stellte noch eine Schüssel Kartoffelbrei auf den Tisch.

Millie setzte sich an ihren Platz und betrachtete das wenig verlockende Essen: ein matschig aussehender Hackbraten, Fertigpüree und Rahmspinat, der, wie sie wusste, zu einem harten Block gefroren gewesen war, bevor Großvater ihn in die Mikrowelle geschoben hatte. Es war ein Mahl, dass man auch dann essen konnte, wenn man nicht einen einzigen Zahn mehr im Mund hatte, was, wie Millie annahm, eine natürliche Folge davon war, wenn ein alter Mensch für einen kochte.

Millie belud sich ihren Teller mit Kartoffelbrei, denn der war das einzig Essbare auf dem Tisch.

„Nimm auch Spinat und Hackbraten", forderte ihr Großvater sie auf und schob ihr das Gemüse hin. „Du brauchst das Eisen. Du bist immer so blass."

„Ich bin gerne blass." Millie puderte sich regelmäßig ab, um im Kontrast zu dem schwarzen Lidstrich und den ebenso schwarzen Sachen, die sie bevorzugte, noch blasser zu wirken.

„Nun ja", meinte ihr Großvater und nahm sich von dem Braten. „Ich bin froh, dass du nicht in der Sonne brutzelst, wie deine Mutter es getan hat, als sie in deinem Alter war. Trotzdem könntest du ein bisschen Farbe im Gesicht vertragen.“ Er hielt ihr den Hackbraten hin.

„Du weißt doch, dass ich kein Fleisch esse, Großvater.“ Fleisch war ekelhaft. Und es war Mord.

„Dann iss ein bisschen Spinat“, beharrte ihr Großvater und löffelte ihr welchen auf den Teller. „Da ist viel Eisen drin. Weißt du, als ich damals das bisschen Kochen gelernt habe, ging es nur um Fleisch: Hackbraten, Steaks, Roastbeef, Schweinekoteletts. Aber wenn du mir hilfst, ein paar vegetarische Rezepte zu finden, werde ich versuchen, sie nachzukochen. Wahrscheinlich wäre es sowieso besser für meine Gesundheit, wenn ich weniger Fleisch essen würde.“

Millie seufzte und schob den Spinat auf ihrem Teller herum. „Mach dir nicht die Mühe. Es ist wirklich egal, ob ich etwas esse oder nicht.“

Ihr Großvater legte seine Gabel weg. „Das ist natürlich nicht egal. Jeder muss essen.“ Er schüttelte den Kopf. „Man kann es dir nicht recht machen, oder, Mädchen? Ich versuche nett zu sein und herauszufinden, was du magst. Ich möchte, dass du hier glücklich bist.“

Millie schob ihren Teller von sich. „Es ist reine Zeitverschwendung zu versuchen, mich glücklich zu machen. Ich bin kein glücklicher Mensch. Und weißt du was? Ich bin froh, dass ich nicht glücklich bin. Glückliche Menschen lügen sich nur in die Tasche.“

„Na, wenn es bei dir nichts anderes gibt als eine einzige Misere, könntest du auch anfangen, deine Hausaufgaben zu machen“, meinte Großvater und aß seinen letzten Bissen Kartoffelbrei.

Millie verdrehte die Augen und stolzierte aus dem Raum. Hausaufgaben waren eine einzige Misere. Die Schule war eine einzige Misere. Ihr ganzes Leben war eine einzige Misere.

In ihrem erbärmlich kleinen Zimmer öffnete Millie ihren Laptop und suchte nach „Berühmte Gedichte über den Tod“. Sie las noch einmal ihre beiden Lieblingswerke *Annabel Lee* (die Katze gleichen Namens lag zusammengerollt auf ihrem Bett) und *Der Rabe* von Edgar Allan Poe, dann wandte sie sich einem zu, das sie noch nie zuvor entdeckt hatte. Es war von Emily Dickinson. In dem Gedicht ging es darum, dass der Tod ein Mann war, der sich mit einem Mädchen verabredete. Ein Date mit dem Tod. Der Gedanke hob sofort Millies Stimmung. Sie stellte sich den Tod als einen gut aussehenden, schwarz gekleideten Fremden vor, der sie auswählte, um sie von der Langeweile und dem Elend des irdischen Daseins zu befreien. Sie stellte sich immer vor, dass er aussah wie Curt Carrion.

Ganz inspiriert davon griff sie nach ihrem in schwarzes Leder gebundenen Tagebuch und begann zu schreiben:

Ach Tod, zeig mir dein verheertes Gesicht,
Ach Tod, deine Nähe fürchte ich nicht.
Ach Tod, mein Leben ist nur noch Pein,
Ach, lass mich doch bald mit dir sein.

Sie wusste, dass Gedichte sich nicht reimen mussten, aber Edgar Allan Poe und Emily Dickinson reimten, deswegen reimte sie ebenfalls. *Gar nicht schlecht*, dachte sie.

Sie seufzte bei dem Gedanken, was noch vor ihr lag, klappte ihr Tagebuch zu und holte ihre Hausaufgaben hervor. Algebra. Welchen Sinn hatte schon Algebra im Angesicht der Sterblichkeit der Menschen? Keinen. Nun ja, abgesehen davon, dass ihre Eltern, wenn sie nicht alle Fächer bestand, ihr das Taschengeld streichen würden, das ihr Großvater ihr jede Woche auszahlte. Und sie sparte es für noch mehr Trauerschmuck. Sie öffnete ihr Algebrabuch, nahm ihren Stift und begann.

Ein paar Minuten später klopfte es an der Tür.

„Was?", fragte Millie unfreundlich und knallte ihr Buch zu, als sei sie bei etwas unterbrochen worden, was ihr tatsächlich Spaß machte.

Mit dem Fuß stieß ihr Großvater die Tür auf. In der Hand hatte er ein Glas Milch und einen Teller mit duftenden Schokoladenplätzchen. „Ich dachte, du brauchst vielleicht ein bisschen Nervennahrung", meinte er. „Bei mir hat Schokolade immer geholfen."

„Großvater, ich bin kein kleines Kind mehr", entgegnete Millie. „Du kannst mein Glück nicht mit Schokolade kaufen."

„Okay", erwiderte ihr Großvater, immer noch mit dem Teller in der Hand. „Soll ich sie dann wieder mitnehmen?"

„Nein", sagte Millie schnell. „Lass sie hier."

Ihr Großvater schüttelte den Kopf, lächelte ein wenig und stellte den Teller und das Glas Milch auf Millies

Nachttisch. „Ich werde eine Stunde oder so in meiner Werkstatt herumwerkeln, Mädchen“, sagte er. „Ruf mich, wenn du irgendetwas brauchst.“

„Ich werde nichts brauchen“, entgegnete Millie und wandte sich wieder ihren Hausaufgaben zu.

Sie wartete, bis sie sicher sein konnte, dass er fort war, dann machte sie sich über die Plätzchen her.

„Möglichkeiten zu sterben. Genau!“, sagte die Stimme aus der Dunkelheit. „Du kapierst schnell, schlau wie du bist. Die ersten Möglichkeiten würde ich als die bequemen Varianten bezeichnen. Dafür muss ich nichts tun, sondern dich nur hierbehalten und der Natur ihren Lauf lassen. Der Vorteil ist, dass sie für mich ganz leicht sind, für dich aber nicht. Schön langsam mit jeder Menge Leiden, aber wer weiß? Vielleicht kommt das deinen morbiden Vorlieben entgegen. Du brauchst jedenfalls einfach nur herumzuliegen, und das tust du doch gern.“

„Wie meinst du das genau?“, wollte Millie wissen. Wie immer die Antwort auch lautete, sie wusste, dass sie ihr nicht gefallen würde.

„Austrocknung ist zum Beispiel eine Möglichkeit“, sagte die Stimme. „Absolut kein Wasser, dann könntest du in drei bis sieben Tagen anfangen zu sterben. Du bist jung und gesund, deswegen würde ich darauf wetten, dass es eine Weile dauert. Dem Körper Wasser vorzuenthalten, hat ganz faszinierende Auswirkungen. Wenn man keine Flüssigkeit aufnimmt, um ihn durchzuspülen, versagen die Nieren und der Körper beginnt, sich selbst zu vergiften, und man wird kränker und kränker. Sobald die Gifte sich anreichern, kann es zu einem vollständigen Organversagen kommen oder einem Herzinfarkt oder einem Schlaganfall. Aber für dich bedeutet das den Tod. So glamourös. So romantisch."

„Machst du dich über mich lustig?" Millies Stimme war ganz hoch und schwach. Es war die Stimme eines verängstigten kleinen Mädchens.

„Überhaupt nicht, mein Liebes. Ich mag dich, Millie, und deswegen bin ich hier, um deine Wünsche wahr werden zu lassen. Wie ein Flaschengeist, nur bist du es, die in der Flasche gefangen ist." Die Stimme unterbrach sich und ein Lachen ertönte. „Verhungern ist ein anderer Klassiker, aber das geht wirklich ganz langsam. Es dauert Wochen, bis der Körper seine Depots aufgebraucht, alle Proteine aufgespalten hat und sich gegen sich selbst wendet. So mancher hat ein paar Monate durchgehalten."

Millie wusste, ihr Großvater würde sie retten, bevor sie verhungerte. „Das wird nie funktionieren. Großvater kommt jeden Abend nach dem Essen hierher, um zu werkeln. Er wird mich finden."

„Und wie?", fragte die Stimme.

„Er wird mich hier drin hören. Ich werde schreien."

„Schrei, soviel du willst, Lämmchen. Alles ist schalldicht. Niemand wird dich hören. Außerdem wirst du nach ein paar Tagen zu schwach sein, um noch schreien zu können."

In einer Woche begannen die Weihnachtsferien, und die ganze Schule war mit Gestecken, Weihnachtsbäumen und Kerzen geschmückt.

Millie hatte keine Ahnung, warum sich alle so auf die Ferien freuten. Sie waren nur ein verzweifelter Versuch, trotz der völligen Bedeutungslosigkeit des Lebens ein bisschen Glück heraufzubeschwören. Aber ihr konnte man nichts vormachen. Die Leute konnten ihr fröhliche Weihnachten und schöne Ferien wünschen, bis sie so rot im Gesicht waren wie der Weihnachtsmann, sie würde nichts darauf erwidern.

Die anderen überschlugen sich aber auch nicht gerade, um Millie alles Gute zu wünschen. Als sie zum Speisesaal ging, sagte eine blonde Cheerleaderin, deren Namen Millie nicht einmal kannte: „Ich bin überrascht, dich mal bei Tageslicht zu sehen, Tochter Dracula." Das Mädchen blickte zu ihrer gleichfalls blonden Freundin, mit der sie eher gesprochen hatte als mit Millie, und beide lachten.

Der Spitzname „Tochter Dracula" war ihr angehängt worden, weil sie begonnen hatte, eine Paperbackausgabe von Bram Stokers *Dracula* mit sich herumzutragen, und einer der beliebten Jungs hatte gesagt: „Oh, seht nur, wie süß. Sie liest ein Buch über ihren Vater."

Von da an war sie nur noch Tochter Dracula gewesen.

Natürlich wusste jeder, dass sie in Wirklichkeit die Tochter von Jeff und Audrey Fitzsimmons war, was sie fast genauso zu einer Außenseiterin machte, als wäre tatsächlich Dracula ihr Vater gewesen. Über die Fitzsimmons wurde in der Stadt viel gelacht, denn sie waren bekannt dafür, mit großem Enthusiasmus Projekte zu starten, die dann im Sande verliefen. Als Millie zehn war, hatten sie ein heruntergekommenes, aber ehemals hübsches Haus aus der Kolonialzeit gekauft und sich voller Eifer daran gemacht, es zu renovieren. Drei Monate hatten sie durchgehalten, bis ihnen Zeit, Geld und Energie ausgingen. Das Ergebnis war ein ziemliches Flickwerk – das Wohnzimmer und die Küche waren neu gestrichen und hatten neue Lichtschalter und Armaturen, aber in den anderen Räumen löste sich immer noch die alte Tapete von den Wänden und die verzogenen Bodendielen knarrten. In den Wasserleitungen des Badezimmers kreischte es, wenn man das Wasser aufdrehte, und die alte Wanne, das Waschbecken und die Kloschüssel sahen niemals sauber aus, egal, wie kräftig man sie schrubbte.

Am meisten wurde aber über das äußere Erscheinungsbild des Hauses getuschelt. Millies Vater hatte die Front und eine Seite in einem freundlichen, warmen Blau mit cremefarbenen Absätzen gestrichen, aber Farbe war teuer und die Malerarbeiten anstrengend, und er stand auch nicht sonderlich gern auf Leitern. Daher war die Front des Hauses sehr hübsch geraten, aber die Rückseite und Seitenwände waren immer noch bedeckt mit alter weißer Farbe, die abblätterte. Millies Mutter meinte, das würde schon niemand bemerken. Es sei ein bisschen so, wie wenn man den Weihnachtsbaum in einer Weise aufstellte, dass die hässliche Seite zur Wand zeigte.

Doch es fiel auf. Und die Leute bemerkten auch die Unfähigkeit der Fitzsimmons, einer geregelten Arbeit nachzugehen. Millies Eltern entwickelten immer wieder einen neuen Plan, der ihnen endlich den erträumten Erfolg bringen sollte. In dem einen Jahr stellte ihre Mutter Kerzen her und verkaufte sie auf dem Wochenmarkt, während ihr Vater einen Laden für Nahrungsergänzungsmittel eröffnete, der bereits nach sechs Monaten seine Türen wieder schloss. Danach eröffneten ihre Mutter und ihr Vater ein Geschäft, in dem es Wolle und Strickzubehör zu kaufen gab, und das hätte vielleicht klappen können, wenn zumindest einer der beiden mehr Ahnung von Wolle und vom Stricken gehabt hätte. Dann kauften sie einen Imbisswagen, obwohl sie beide fürchterliche Köche waren.

Millie verstand nicht, wie ihre Eltern trotz dieser Reihe von Misserfolgen so optimistisch bleiben konnten, aber sie waren es. Jedes neue Projekt gingen sie wieder mit großem Enthusiasmus an, doch nach ein paar Monaten verliefen dann sowohl das Projekt als auch der Enthusiasmus im Sande. Sie waren nicht wirklich arm – es gab immer etwas zu essen, auch wenn es, gegen Ende des Monats, eher Pfannkuchen und Makkaroni mit Käse aus der Tüte waren –, aber Rechnungen zu bezahlen, war stets ein Problem.

Millie wusste, dass ihr Großvater ihnen manchmal aushalf. Und auch ihr Großvater hatte in der Stadt den Ruf, etwas seltsam zu sein, doch man war nachsichtig mit ihm, weil er alt war und Witwer und viele Jahre ein erstklassiger Mathelehrer an der Highschool gewesen war. Deswegen wurde er als „exzentrisch“ bezeichnet und nicht als „komisch“.

Manche Leute sagten, dass Jeff mit der Arbeit als Lehrer in Saudi-Arabien jetzt vielleicht sein Leben ordnete und in die Fußstapfen seines Vaters trat. Aber Millie wusste, dass er auch diese Gelegenheit verpassen würde wie schon so viele zuvor.

Also Tochter Dracula oder die von Jeff und Audrey Fitzsimmons? Beides bedeutete, eine gesellschaftliche Außenseiterin zu sein.

In der Cafeteria brauchte Millie eine Sekunde, um sich auf den ohrenbetäubenden Lärm von Hunderten Teenagern einzustellen, die redeten und lachten. Sie ging vorbei an Tischen voller beliebter Mädchen und entdeckte ihre beste Freundin aus der Grundschule. Hannah saß unter ihnen und lachte über irgendetwas, worüber auch all die anderen Mädchen lachten. Millie und Hannah waren vom Kindergarten bis zur fünften Klasse unzertrennlich gewesen, hatten auf der Schaukel gespielt oder waren in jeder Pause Seil gesprungen. Und nach der Schule hatten sie bei einer von ihnen zu Hause mit Puppen gespielt.

Aber dann in der Mittelschule war es Hannah immer wichtiger geworden, beliebt zu sein, und sie hatte sich von Millie entfernt und jenen Mädchen zugewandt, die die ganze Zeit wegen Klamotten und Jungs miteinander kicherten. Was Millie begriff, Hannah aber nicht, war die Tatsache, dass diese Mädchen in Hannah lediglich eine Mitläuferin sahen. Hannah lebte in einem schlichten kleinen Haus in einer schlichten Gegend und hatte weder das Geld noch den sozialen Status, um in irgendeiner Weise aufsteigen zu können. Die beliebten Mädchen stießen sie nicht weg, aber sie ließen sie auch nie in ihren inneren Kreis. Millie machte es traurig, dass Hannah lieber die Brotkrumen der beliebten Mädchen auflas, als mit ihr in echter Freundschaft verbunden zu sein.

Auf der anderen Seite machten Millie viele Dinge traurig.

Sie saß allein an einem Tisch, knabberte an ihrem Salat mit Ei und Apfelscheiben, den ihr Großvater ihr eingepackt hatte, und las *Geschichten von Mysterien und der Einbildungskraft*. Es gelang ihr, all den Lärm in der Cafeteria auszublenden und sich auf die Geschichte zu konzentrieren, bei der sie gerade war: *Der Fall des Hauses Usher*. Roderick Usher, die Hauptfigur der Geschichte, ertrug keine Geräusche irgendwelcher Art.

Aber dann spürte sie, dass sie beobachtet wurde.

Sie blickte auf und sah einen schlaksigen Jungen mit Hornbrille und wuscheligem Haar, das feuerwehrrot gefärbt war. Beide Ohren waren gespickt mit silbernen Ohrringen. Millie hätte gerne seine schwarze Lederjacke gehabt.

„Hi … äh … ich wollte fragen …“, mit dem Kopf deutete er auf einen Stuhl gegenüber von Millie, „… sitzt da jemand?“

Fragte der Typ, ob er sich zu ihr setzen konnte? Niemand hatte je gefragt, ob er sich zu ihr setzen könne.

„Meine imaginäre Freundin“, sagte Millie. Moment … war das ein Witz gewesen? Sie machte nie Witze bei anderen Leuten.

Der Junge grinste und zeigte seine Zahnspangen. „Hätte

deine imaginäre Freundin etwas dagegen, wenn ich mich auf ihren Schoß setze?“

Millie blickte einen Moment auf den leeren Stuhl. Dann sagte sie: „Sie meint: ‚Mach, was du willst.‘“

„Okay“, erwiderte er und stellte sein Tablett ab. „Danke. Euch beiden. Ich kenne einfach noch niemanden hier. Ich bin neu.“

„Freut mich, Neuer. Ich bin Millie.“ War sie plötzlich zur Komödiantin mutiert?

„Ich heiße Dylan. Ich bin gerade aus Toledo hierher gezogen.“ Er deutete auf ihr Buch. Seine Fingernägel waren kurz, aber schwarz lackiert. „Fan von Poe?“

Millie nickte.

„Ich auch“, erklärte Dylan. „Und von H.P. Lovecraft. Ich liebe all die alten Gruselautoren.“

„Lovecraft habe ich nie gelesen“, meinte Millie. Sie wollte lieber ehrlich sein, anstatt irgendwelches Wissen vorzutäuschen, was ihr am Ende vielleicht auf die Füße fiel. „Aber ich hab schon von ihm gehört.“

„Oh, du würdest ihn lieben“, meinte Dylan und tauchte einen Chicken Nugget in eine große Pfütze Ketchup. „Super düster und voller Wendungen.“ Er blickte sich in der Cafeteria um, das Gesicht eine einzige Maske der Verachtung. „Ist diese Schule so lahm, wie sie scheint?“

„Lahmer“, meinte Millie, markierte sich die Stelle im Buch, an der sie gewesen war, und klappt es zu. Im Haus Usher passierte gerade nichts, und sie konnte sich nicht daran erinnern, wann sie das letzte Mal ein interessantes Gespräch geführt hatte.

„Ich sag dir was“, meinte Dylan und deutete mit einem Pommes auf sie. „Bisher bist du hier der einzige Mensch, der cool zu sein scheint.“

Millie spürte, dass ihr heiß wurde. Sie hoffte, dass ihr Gesicht lediglich ein bisschen rosiger wurde. „Danke“, erwiderte sie. „Ich … äh … mag deine Jacke.“

„Und ich mag deine Ohrringe.“

Sie fasste nach einem der schwarzen Tropfen, die von ihren Ohrläppchen hingen. „Danke. Viktorianischer Trauerschmuck.“

„Ich weiß“, sagte Dylan.

Er wusste es? Wer an einer Highschool wusste schon etwas über viktorianischen Trauerschmuck? „Ich habe mehrere Teile“, erklärte Millie. „Meistens finde ich sie bei eBay. Meine Lieblingsstücke kann ich mir allerdings nicht leisten. Das wären …“

Dylan hob eine Hand. „Warte, sag es nicht! Dabei wird das Haar des Toten mit dem Schmuckstück verflochten, oder?“

„Genau!“, erwiderte Millie, überrascht und verblüfft. „Solche Stücke tauchen manchmal bei eBay auf, aber sie kosten immer ein Vermögen.“

Es klingelte zur nächsten Stunde. Dylan beugte sich zu Millie und flüsterte halb: „Frag nicht, wem die Stunde schlägt.“

„Sie schlägt dir“, vollendete Millie den Satz. Woher kam dieser Kerl? Toledo, sicher, aber woher wusste er so viel? Noch nie hatte sie jemanden wie ihn getroffen.

Dylan stand auf. „Millie, es war mir ein seltenes Vergnügen. Hätten du und deine imaginäre Freundin sehr viel dagegen, wenn ich mich morgen zum Mittagessen wieder zu euch geselle?"

Millie spürte, wie ihre Mundwinkel ganz ungewohnt zuckten. „Wir hätten überhaupt nichts dagegen", antwortete sie.

„Weißt du, ich habe auch darüber nachgedacht, dich erfrieren zu lassen", sagte die Stimme. „Ich dachte mir, ich könnte vielleicht den Strom hier drin abklemmen, damit der kleine Heizofen nicht mehr funktioniert, und mein Metallkörper kann sehr kalt werden. Aber ich habe mir gedacht, wahrscheinlich kommt dann dein Großvater herein und bemerkt, dass es in seiner geliebten Werkstatt keinen Strom mehr gibt und wird die Sache sofort reparieren. Erfrieren hat also keinen Sinn. Tut mir leid, wenn du dich darauf gefreut hast, Schätzchen."

Millie zitterte, nicht vor Kälte, sondern vor Angst. „Ich verstehe das nicht. Warum willst du mich töten?"

„Gut, dass du fragst", erwiderte die Stimme. „Eigentlich gibt es dafür mehrere Gründe. Der erste ist einfach, dass ich dann etwas zu tun habe. Ich bin Ewigkeiten auf einem Wertstoffhof versauert, bevor dein Großvater mich entdeckt und hierher gebracht hat, wo ich dann auch nur wieder herumgesessen habe. Ich langweile mich zu Tode."

„Könntest du dir nicht mit anderen Dingen die Zeit vertreiben, als Leute umzubringen?", fragte Millie. Wer immer dieses Wesen war, es war eindeutig intelligent. Vielleicht konnte sie es zur Vernunft bringen.

„Nichts, was so interessant wäre. Und außerdem ist da noch mein zweiter Grund. Der Tod ist doch das, was du dir wünschst. Seit du hierher gezogen bist, beschäftigst du dich damit und redest davon, wie du sterben willst. Nun ja, ich töte gern Leute, und du willst sterben. Also ist die Sache doch für beide Seiten nur von Vorteil. Ganz ähnlich wie bei diesen kleinen Vögeln, die die Nashörner von Parasiten befreien. Der Vogel bekommt etwas zu fressen, und das Nashorn wird die kleinen Biester los. Wir beide bekommen, was wir wollen. Eine echte Win-win-Situation."

Millie wurde plötzlich bewusst, dass sie über den Tod geredet, über ihn geschrieben hatte, doch es war für sie immer nur ein interessanter Gedanke gewesen, mit dem sie herumgespielte. Niemals hatte sie ihn in die Tat umsetzen wollen. „Aber ich will nicht sterben. Nicht wirklich."

Ein furchtbares Donnern hüllte Millie ein und schüttelte die Maschine durch, in der sie gefangen war. Sie brauchte ein paar Sekunden, um zu begreifen, dass es sich um Gelächter handelte.

Zum Abendessen hatte ihr Großvater Spaghetti mit Marinarasoße, Knoblauchbrot und Caesar-Salat gemacht. Es schmeckte viel besser als das, was er sonst zusammenbraute.

„Du isst ja heute mal was", stellte ihr Großvater fest.

„Weil es wirklich schmeckt", erwiderte Millie und wickelte sich Spaghetti auf die Gabel.

„Okay, ich habe endlich etwas gefunden, was dir schmeckt", sagte ihr Großvater. „Ich werde es in mein begrenztes Repertoire aufnehmen. Die Soße habe ich für dich extra ohne Fleisch gemacht und in meine ein paar Fleischklößchen getan. Also sind alle glücklich, die Herbivoren und die Karnivoren."

„Glücklich wäre vielleicht ein bisschen übertrieben", entgegnete Millie, weil sie nicht bereit war zuzugeben, dass sie tatsächlich mal eine Art guten Tag hatte. „Aber die Spaghetti sind gut, und die Schule heute war auch nicht nur Mist."

„Und weswegen war die Schule heute weniger mistig als sonst?", erkundigte sich ihr Großvater und spießte einen Fleischkloß auf.

„Ich habe jemanden kennengelernt, der ganz cool zu sein scheint."

„Tatsächlich? Einen weiblichen Jemand oder einen männlichen Jemand?"

Millie gefiel der zweideutige Tonfall ihres Großvaters nicht. „Es ist zwar nicht wichtig, aber zufällig ist es ein Junge. Aber mach daraus jetzt keine Liebesgeschichte. Wir haben uns nur nett unterhalten, das ist alles."

„Eine nette Unterhaltung ist gar nicht schlecht, besonders heutzutage. Die meisten in deinem Alter blicken nicht einmal lange genug von ihren Smartphones auf, um guten Tag zu sagen", meinte ihr Großvater. „Ich war nur wenig älter als du, als ich deine Großmutter kennengelernt habe."

„Na und? Soll ich mich deswegen jetzt mit einem Jungen verloben, den ich gerade erst kennengelernt habe? Großvater, ich bin vierzehn!"

Ihr Großvater lachte. „Du hast recht, dass du viel zu jung dafür bist, um dich zu verloben. Und deine Großmutter und ich haben uns auch nicht verlobt, als wir noch Teenager waren. Aber wir waren auf der Highschool ein Paar, und dann sind wir aufs selbe College gegangen. Im letzten Jahr haben wir uns verlobt und im Juni, gleich nach dem Abschluss, geheiratet." Er lächelte. „Und alles hat mit einem netten Gespräch beim Mittagessen angefangen, wie du es heute hattest, man weiß also nie."

„Immer langsam, alter Mann", erwiderte Millie und kämpfte gegen ein Lächeln an.

Der Blick ihres Großvaters wurde ganz weich und seine Augen feucht. „Ich erinnere mich nur gerade. Ich wünschte, du hättest deine Großmutter noch kennegelernt, Millie. Sie war etwas ganz Besonderes. Und sie zu verlieren, als sie noch nicht einmal vierzig war …"

„Es ist wie bei Annabel Lee", sagte Millie.

„Du meinst das Gedicht von Poe?", fragte ihr Großvater. *„Es sind viele, viele Jahre her, dass am Meeresufer allhie …"*, rezitierte er. „Ja, ich denke, etwas in der Art war es."

„Kennst du Poe?", wollte Millie wissen. Es war komisch, eins ihrer Lieblingsgedichte aus seinem Mund zu hören. Ihr Großvater war der typische Mathematiker. Sie hatte nicht damit gerechnet, dass er sich mit Poesie auskannte.

„Ob du es glaubst oder nicht, ich bin ein ziemlich belesener alter Kerl. Ich mag Poe und auch viele andere Autoren. Ich weiß, dass du Poe magst, weil er düster und unheimlich ist, und wenn man jung ist, ist es einfach, den Tod zu romantisieren, weil er noch so weit weg ist. Aber Poe hat nicht über den Tod geschrieben, weil er ihn für romantisch hielt. Er hat über ihn geschrieben, weil er so viele Menschen an ihn verloren hat, die er liebte. Du hast einen solchen Verlust noch nie erfahren, Millie. So etwas … verändert einen.“ Er blinzelte heftig. „Weißt du, noch Jahre nachdem sie gestorben war, haben Freunde versucht, mich mit anderen Frauen zu verkuppeln, aber es hat nie funktioniert. Sie war für mich die einzige.“

Millie hatte sich noch nie Gedanken über die Gefühle ihres Großvaters gemacht. Wie er sich gefühlt haben musste, als Großmutter krank geworden und gestorben war. Wie einsam er sich gefühlt haben musste, als sie nicht mehr da war. Wie einsam er sich vielleicht immer noch fühlte. „Das muss hart gewesen sein“, sagte sie, „Großmutter zu verlieren.“

Ihr Großvater nickte. „Das war es. Ich vermisse sie immer noch jeden Tag.“

„Also vielen Dank für das Essen“, sagte Millie schließlich. „Ich glaube, ich fange jetzt lieber mit meinen Hausaufgaben an.“

„Ohne darum gebeten zu werden?“, bemerkte Großvater lächelnd. „Heute ist ganz offensichtlich ein ziemlich besonderer Tag.“

In ihrem Zimmer dachte Millie nicht über den Tod nach. Sie dachte an Dylan, und sie dachte darüber nach, was ihr Großvater über ihre Großmutter gesagt hatte. Als sie stumm erneut Annabel Lee rezitierte, hatte sie plötzlich das Gefühl, dass es kein Gedicht über den Tod war, sondern über die Liebe.

„Dumme Millie, für jemanden, der nicht sterben will, hast du aber viel Zeit damit verbracht, darüber zu reden“, sagte die Stimme. „Aber so ist das nun einmal, oder nicht? Zu reden ist immer einfacher, als etwas zu tun.“

„Ich glaube“, sagte Millie schniefend, „wenn ich gesagt habe, dass ich sterben möchte, wollte ich in Wirklichkeit einfach nur entkommen. Ich wollte nicht sterben. Ich wollte einfach nur, dass mein Leben sich verändert.“

„Oh, aber dafür muss man die Dinge in die Hand nehmen, oder nicht?“, erwiderte die Stimme. „Das Leben zum Besseren wenden, besonders dann, wenn die Welt so ein gemeiner, verdorbener Ort ist. Es ist viel leichter – und im Endeffekt viel befriedigender – einfach zu gehen. Was mich zu meinem zweiten Kanon von Möglichkeiten führt. Dem viel interessanteren. Für dich sind sie meistens schnell und leicht, verlangen von mir aber ein bisschen mehr Aufwand. Aber ich beschwere mich nicht. Ich liebe nichts mehr als eine schöne Herausforderung, um meine Langeweile zu besiegen. Du magst doch Dracula, oder nicht?“

Millie bekam kaum ein Wort heraus. „Wieso? Willst du mich in den Hals beißen?“

„Wie sollte ich das denn wohl machen, wenn du in meinem Bauch sitzt, du dummes Mädchen? Ich weiß, dass du Dracula-Fan bist. Die Kinder in der Schule nennen dich Tochter Dracula, oder nicht? Du weißt vielleicht nicht, dass die Figur des Dracula von einem echten Menschen inspiriert wurde, einem Fürsten namens Vlad Dracula. Aber er ist besser bekannt unter seinem Spitznamen Vlad der Pfähler."

Millie drehte sich der Magen um.

„Vlad hat Tausende seiner Feinde getötet, aber seine größte Leistung war der ‚Wald der Gepfählten', wo Tausende seiner Opfer – Männer, Frauen und Kinder – von Pfählen aufgespießt wurden, die man in den Boden getrieben hatte. Ich bin zwar kein Fürst und könnte eine solche Leistung nie vollbringen, aber mal ein bisschen zu pfählen kann doch so schwer nicht sein, oder? Ich kann einfach eine meiner Metallstangen nehmen und sie durch meine Körperhöhle treiben. Dann würde sie dich direkt durchstoßen und auf der anderen Seite wieder austreten. Wenn die Spitze deine lebenswichtigen Organe zerteilt, kommt der Tod schnell. Wenn nicht, bedeutet das, viele Stunden zu bluten und zu leiden. Die Leute, die durch den Wald der Gepfählten gegangen sind, haben vom Stöhnen und Keuchen der Opfer erzählt." Seine Stimme klang fröhlich. „Es kann schnell gehen oder langsam, aber das Ergebnis ist immer dasselbe. Wie ich schon sagte, eine Win-win-Situation."

„Nein", flüsterte Millie. Sie sehnte sich nach ihrer Mutter und ihrem Vater. Sehnte sich nach ihrem Großvater. Sie würden ihr helfen, wenn sie denn wüssten, in welcher Gefahr sie sich befand. Sie hätte sich sogar mit dem vertrottelten Onkel Rob und Tante Sheri zufriedengegeben, wenn sie nur kommen würden, um sie zu retten. Sie würde dann sogar einen Weihnachtspulli anziehen, um die beiden glücklich zu machen.

Erwartungsvoll saß Millie an ihren Tisch in der Cafeteria. Sie hatte sich heute Morgen besondere Mühe mit ihrem Äußeren gegeben. Sie trug ein schwarzes Spitzentop und eine viktorianische Trauerhalskette aus ihrer kleinen Kollektion. Ihr Puder unterstrich ihre Blässe, und ihr schwarzer Lidstrich betonte ihre Katzenaugen.

Als die Minuten verstrichen, begann sie, sich Sorgen zu machen. Was war, wenn Dylan nicht auftauchte? Was war, wenn sie sich für nichts herausgeputzt hatte? Was war, wenn das Leben keinerlei Vergnügen oder Glück zu bieten hatte, wie sie es immer vermutet hatte?

Aber dann kam er, in seiner Lederjacke und mit dem feuerwehrroten Haar und den glänzenden silbernen Ohrringen.

„Hey“, sagte Millie und versuchte, sich nicht anmerken zu lassen, wie sehr sie sich freute.

„Hey“, antwortete er, stellte sein Tablett auf den Tisch und setzte sich ihr gegenüber. „Ich habe dir etwas mitgebracht.“

Millies Herz klopfte vor Aufregung. Sie hoffte nur, dass er es nicht merkte.

Er griff in die Tasche seiner Lederjacke und holte ein abgegriffenes Taschenbuch heraus. „H. P. Lovecraft“, sagte er. „Ich habe dir gestern von ihm erzählt.“

„Ich erinnere mich“, sagte Millie und nahm das Buch. „Die *Chronik des Cthulhu-Mythos und andere Geschichten*. Habe ich das richtig ausgesprochen? *Cthulhu?*“

„Wer weiß“, erwiderte Dylan. „H. P. Lovecraft hat ihn sich ausgedacht, und er ist tot, also können wir ihn nicht mehr fragen. Du kannst das Buch behalten. Ich habe eine Hardcover-Ausgabe zum Geburtstag bekommen." Er grinste. „Meine Eltern sind cool. Es macht ihnen nichts aus, dass ich seltsame Sachen mag."

„Danke." Sie merkte, wie ein kleines Lächeln um ihre Mundwinkel spielte. Weil Dylan an sie gedacht hatte. Während er zu Hause war, nicht bei ihr, hatte er an sie gedacht, das Buch gesucht, in seine Jackentasche gesteckt und nicht vergessen, es ihr zu geben. Ihrer Erfahrung nach waren Jungs normalerweise nicht so aufmerksam.

Nach dem Abendessen begann Millie in ihrem Zimmer das Buch von H.P. Lovecraft zu lesen. Dylan hatte recht. Es war schräg. Schräger als Poes Sachen, und so gruselig, dass man das Gefühl hatte, als würden einem Spinnen unter der Haut entlanglaufen. Aber es gefiel ihr.

Dylan hätte ihr kein besseres Geschenk machen können. Millie stand nicht besonders auf Blumen oder Süßigkeiten.

Nachdem sie zwei der Geschichten gelesen hatte, klappte sie ihren Laptop auf. Anstatt „Gedichte über den Tod", zu googeln, suchte sie nach „Gedichte über die Liebe". Sie fand ein berühmtes von Elisabeth Barrett Browning, dass begann: „Wie liebe ich dich? Lass mich die Arten zählen." Sie hatte das Gedicht schon einmal gelesen und gedacht, dass es einfach nur lauter schöne Worte waren, aber jetzt spürte sie das Gefühl, das in den Worten steckte. Starke Gefühle für den seltenen Menschen, der einen verstand und den man umgekehrt ebenfalls verstand.

Sie nahm sich ihr schwarzes Ledertaschenbuch, kaute auf ihrem Stift und dachte nach. Schließlich schrieb sie:

Durchtrennt hast du die dornig schwarzen Reben,
die mein verletztes Herz umweben.
Nun schlägt es wieder, fühlt Erleichterung.
Du bist der Gärtner, der die Pflanzen weckt
nach ihrem totengleichen Winterschlaf.
Damit sie blühen wieder wie mein Herz,
gleich einer Rose blutrot und so schön.

Sie las das Gedicht noch einmal und seufzte zufrieden. Ihre gute Stimmung schwand nur leicht, als sie das Tagebuch zur Seite legte, um sich an ihre Hausaufgaben zu machen.

„Nein? Schade. Ich finde ja, Pfählen besitzt eine gewisse Dramatik. Vielleicht etwas mit ein bisschen mehr Pfiff? Die Hinrichtung durch Strom ist immer eine sehr effektive Option. Wusstest du, dass der elektrische Stuhl im neunzehnten Jahrhundert von einem Zahnarzt namens Alfred P. Southwick entwickelt wurde? Sein Behandlungsstuhl hat ihn auf die Idee gebracht. Das ist natürlich nicht besonders beruhigend für Leute mit Angst vor dem Zahnarzt. Ich habe keinen Stuhl, an den ich dich schnallen könnte, aber ich hätte die Möglichkeit, ein paar starke Stromstöße durch meine Körperhöhle schießen zu lassen. Wenn der Strom dein Herz oder dein Hirn brät, wirst du schnell sterben. Wenn nicht, trägst du ein paar hässliche Verbrennungen davon, und dein Herz fängt an zu flimmern, was dich grundsätzlich auch tötet, wenn dir niemand hilft. Und dass niemand hier ist, um dir zu helfen, haben wir, glaube ich, schon geklärt."

Hilfe war das Wort, das Millie unbedingt schreien wollte, aber sie wusste, dass es verschwendete Energie war – Energie, die sie sich aufsparen musste, wenn sie irgendeine Chance haben wollte zu überleben.

„Also was meinst du, Schätzchen? Tod durch Strom? Du wärst *geschockt*, wie effektiv das ist. Das knallt richtig!" Wieder ein Lachen.

Millie hatte einmal einen Schlag bekommen, als sie den Föhn aus der Steckdose in einem schlecht verkabelten Hotelzimmer gezogen hatte. Sie hatte gespürt, wie der Strom ihr schmerzhaft in den Arm geschossen war. Einen Moment lang war sie buchstäblich atemlos gewesen, als hätte ihr jemand in den Bauch geboxt. Sie mochte sich nicht vorstellen, wie sich ein Stromstoß, der stark genug war, um sie zu töten, anfühlen würde. „Danke, aber daran habe ich wirklich kein Interesse", sagte sie.

Am Samstagnachmittag, als die meisten Jugendlichen im Einkaufszentrum oder im Kino waren oder sich gegenseitig besuchten, war Millie auf dem Weg in die Bücherei. Zu Fuß waren es ungefähr zwanzig Minuten. Wenn sie dann noch ein bis zwei Stunden dort mit Lesen verbrachte, war das eine angenehme Art, einen Samstagnachmittag für sich allein zu verbringen.

Heute durchstöberte sie die Regale nach passender düsterer Literatur. Die *Chronik des Cthulhu-Mythos und andere*

Geschichten hatte sie ausgelesen und war enttäuscht, dass sie keine weiteren Bücher von Lovecraft im Regal fand.

„Hey“, sagte hinter ihr eine Stimme.

Sie schnappte nach Luft und zuckte zusammen, aber dann erkannte sie Dylan.

„Ich wollte dich nicht erschrecken“, sagte er. „Hey, hast du das Buch von Lovecraft gelesen?“ Millie konnte es nicht fassen, dass die Sterne so günstig standen und es erlaubten, Dylan außerhalb der Schule zu treffen. „Ja, es hat mir sehr gefallen. Ich hatte gehofft, dass es hier noch mehr von ihm gibt.“

„Hmm …“, meinte Dylan. „Ich wette, ich finde was anderes für dich, das dir gefällt. Eine Sekunde.“ Konzentriert glitt sein Blick über die Regale, dann zog er ein dünnes Buch mit einem schwarzen Einband hervor und reichte es ihr.

„*Die Lotterie und andere Geschichten* von Shirley Jackson“, las sie laut vor.

„Genau, du wirst sie lieben. Es ist das perfekte Buch, wenn man klassischen Horror mag“, sagte er. „Ich habe übrigens drüben an dem Tisch gelesen, bis ich dich gesehen habe. Wenn du dich auch dahin setzen und lesen willst, kannst du das gern tun.“

„Okay.“ Millie hatte Mühe, sich nicht anmerken zu lassen, wie glücklich sie über diese Einladung war.

„Ich muss zugeben, dass ich einen Hintergedanken habe, aus dem ich dich einlade“, erklärte Dylan. „Ich möchte den Ausdruck auf deinem Gesicht sehen, wenn du die erste Kurzgeschichte in dem Buch gelesen hast.“

Sie setzten sich einander gegenüber an den Tisch und lasen schweigend. Millie liebte es, sich mit Dylan zu unterhalten, aber mit ihm zu schweigen war auch schön. Sie las *Die Lotterie* mit zunehmender Spannung, und als sie das Ende erreichte, lachte Dylan.

„Du liest mit offenem Mund", sagte er. „Ist das nicht ein überraschendes Ende?"

„Das ist es wirklich."

„Sag mal", fragte Dylan, „ich dachte, wenn ich meine Bücher ausgeliehen habe, trinke ich noch einen Tee im Café nebenan. Hättest du auch Lust? Ich meine, du musst keinen Tee trinken, nur weil ich das tue. Du kannst auch Kaffee nehmen oder heiße Schokolade."

„Tee klingt gut", sagte Millie. Der Nachmittag entwickelte sich ziemlich schön. Überraschenderweise.

Millie war schon Hunderte Male an dem Café vorbeigekommen, aber nie hineingegangen. Es war ein netter Laden mit unverputzten Ziegelmauern, an denen Bilder von Künstlern aus der Gegend hingen. Als sie mit Dylan vor den dampfenden Tassen saß, sagte Millie: „Vielleicht werde ich mal Bibliothekarin." Noch nie hatte sie irgendjemandem von ihren Plänen erzählt. Sie hatte immer Angst gehabt, ausgelacht zu werden.

„Das wäre cool", erwiderte Dylan. „Du liebst doch Bücher."

„Ich liebe Bücher und ich liebe die Stille", erklärte Millie und nippte an ihrem Earl Grey.

„Du solltest dich auch total wie eine Grufti-Bibliothekarin anziehen", meinte Dylan. „Du könntest dein Haar hochstecken und deinen Schmuck tragen und dazu ein schwarzes viktorianisches Kleid und so eine altmodische Brille, die man sich nur auf die Nase steckt – wie nennt man die noch?“

„Zwicker?“

Dylan grinste. „Genau die. Und wenn du dich so anziehst und den Besuchern in der Bücherei sagst, dass sie ruhig sein sollen, werden sie sich vor dir zu Tode fürchten!“

Millie lachte, und sie musste zugeben, es fühlte sich gut an.

Die Tage in der Schule waren irgendwie besser, seitdem sie wusste, dass sie sich zum Mittagessen mit Dylan treffen würde. Sie konnte den Vormittag damit verbringen, sich auf ihn zu freuen und den Nachmittag damit, darüber nachzudenken, was sie einander erzählt hatten. Manchmal kam sie sich albern vor, dass sie so viel Zeit damit verbrachte, an einen Jungen zu denken.

Aber Dylan war einfach nicht irgendein Junge.

Als sie an diesem Tag nach Hause kam, traf sie im Wohnzimmer auf ihren Großvater. „Ich dachte, wir gehen heute Abend zum Weihnachtsbasar in die Schule“, sagte er. Statt seiner Strickjacke trug er einen hässlichen grünen Pullover, der mit seltsam anmutenden lächelnden Weihnachtsbäumen bestickt war.

„Der Basar ist doch dämlich.“ Millie verdrehte die Augen. „Da verkaufen nur ein paar Leute hässlichen Christbaumschmuck, den sie aus Eisstilen gebastelt haben.“

„Oh, als ich noch Lehrer war, fand ich den Basar immer ganz nett. Dieses Jahr gibt es Chili zum Abendessen, und man kann zwischen Fleisch und einer vegetarischen Variante wählen. Außerdem gibt es ein Plätzchenbuffet, von dem man so viel essen kann, wie man will. Lass dir das auf der Zunge zergehen, Millie." Er machte eine dramatische Pause. „Man kann so viel essen wie man will. Plätzchen. Buffet."

„Du hast wirklich deine Hausaufgaben gemacht, oder?", erwiderte Millie. Sie würde das zwar niemals sagen, aber es war irgendwie niedlich, wie begeistert ihr Großvater war.

„Das habe ich. Ich nehme Plätzchen sehr ernst."

„Das merke ich." Millie seufzte. Vielleicht sollte sie ausnahmsweise dem alten Mann das geben, was er sich wünschte. Die beiden kamen nicht oft raus, und wahrscheinlich war es gut, wenn er mal unter Leute kam. „Okay, dann gehen wir, auch wenn es nicht unbedingt mein Ding ist."

„Toll!", rief Großvater. „Dann brechen wir in ungefähr einer Stunde auf." Er musterte sie von Kopf bis Fuß. „Vielleicht könntest du ja außer schwarz auch mal was anderes anziehen. Etwas, das ein bisschen festlicher ist."

„Fordere dein Glück nicht heraus, Großvater", entgegnete Millie. Sie konnte es nicht fassen, dass sie eingewilligt hatte, zu so einer lahmen Veranstaltung zu gehen. Aber vielleicht würde Dylan ja dort sein – genauso gestresst wie sie –, und sie könnten gemeinsam ein bisschen Spaß haben.

Die Schulflure waren geschmückt mit funkelnder Weihnachtsbeleuchtung, und Millie hatte mit ihrer Voraussage über die Hässlichkeit des Christbaumschmucks vollkommen recht gehabt. Aber das vegetarische Chili war lecker, und die Vielzahl verschiedener Plätzchen am Plätzchenbuffet, einschließlich der Lebkuchen, die Millie am liebsten mochte, war beeindruckend. Nachdem Großvater und sie sich bedient hatten, schlenderte sie durch die Flure, tat so, als würde sie sich die Auslagen der Stände ansehen, aber in Wirklichkeit suchte sie nach Dylan.

Sie fand ihn im Flur im ersten Stock. Aber nicht so, wie sie es sich vorgestellt hatte.

Dylan stand an einem Stand und verkaufte Rentiere aus Zuckerstangen. Aber er war nicht allein. Brooke Harrison war bei ihm, eine nicht unhübsche Blondine, die mit Millie im Kurs über das amerikanische Regierungssystem saß. Dylan und Brooke hielten Händchen und lachten sehr vertraut über einen gemeinsamen Witz.

Millie biss sich auf die Unterlippe, um nicht nach Luft zu schnappen, drehte sich um und lief den Gang zurück und die Treppe hinunter. Sie musste Großvater finden. Sie musste nach Hause.

„Wo brennt es denn, Tochter Dracula?“, fragte sie irgendjemand. Sie machte sich nicht einmal die Mühe herauszufinden, wer es war. Sie waren doch sowieso alle gleich.

Sie lief in die Cafeteria und blickte sich suchend nach dem hässlichem Weihnachtspulli ihres Großvaters um. Leider trugen viele Leute hässliche Weihnachtspullis.

Schließlich entdeckte sie ihn beim Getränkestand. Ihr Großvater nippte an einem Kaffee und sprach mit zwei anderen älteren Männern, die ebenfalls pensionierte Lehrer waren. Offenbar kauften sie in dem gleichen Geschäft für hässliche Weihnachtspullis ein wie ihr Großvater.

„Wir müssen los", zischte Millie ihn an.

Besorgt runzelte ihr Großvater die Stirn. „Ist dir schlecht?"

„Nein, ich muss nur los." Warum ging das nicht schneller?

„Okay, Schatz." Er warf den anderen älteren Männern einen Blick zu, der zu sagen schien: Sie sind in diesem Alter so emotional, dann sagte er: „Bis später dann. Fröhliche Weihnachten."

Im Auto fragte ihr Großvater dann: „Was ist los, Schatz? Hat jemand in der Schule etwas gesagt, das dich verletzt hat?"

Millie konnte nicht glauben, dass ihr Großvater so dämlich war. „Niemand hat in der Schule etwas zu mir gesagt, weil niemand in der Schule je etwas zu mir sagt. Niemanden in dieser Schule interessiert es, ob ich lebe oder sterbe!" Sie unterdrückte ein Schluchzen und wischte sich unter den Augen entlang, um ihre Tränen zu trocknen.

„Ich erinnere mich daran, dass ich genauso gefühlt habe, als ich in deinem Alter war. Um nichts in der Welt möchte ich noch einmal vierzehn sein, auch nicht, wenn ich dafür noch einmal all die Jahre geschenkt bekomme."

Die Tränen wollten einfach nicht versiegen. Millie blickte zum Seitenfenster hinaus und versuchte, ihren Großvater zu ignorieren. Er konnte das einfach nicht verstehen. Niemand konnte es verstehen, ganz besonders nicht die Leute, die Weihnachtspullis und Plätzchen und all diese aufgesetzte Glückseligkeit toll fanden, womit sie sich doch nur beschäftigten, um ihre Angst vor dem Tod zu verdrängen.

Millie fürchtete den Tod nicht. Im Moment hatte sie das Gefühl, dass der Tod ihr einziger Freund war.

„Du meine Güte, wir sind aber wählerisch“, sagte die Stimme. „Für jemanden, der sich die finale Lösung herbeiwünscht, sind wir schrecklich kompliziert, wenn es darum geht, wie sie aussehen soll. Aber es gibt noch jede Menge weiterer Möglichkeiten. Ich fühle mich wie ein Kellner, der in einem schicken Restaurant die Speisekarte vorstellt. Der Unterschied besteht natürlich darin, dass man an einem guten Essen in der Regel nicht stirbt, an den Angeboten auf meiner Speisekarte allerdings schon.“ Die Stimme lachte tief und dröhnend. „Hmm … da wir gerade vom Essen sprechen, wie wäre es mit Kochen? Wusstest du, dass Heinrich VIII. das Kochen bei lebendigem Leibe während seiner Herrschaft zur offiziellen Bestrafung erhoben hat? Schon lustig, dass man es Kochen bei lebendigem Leibe nennt, denn man bleibt dabei ja beileibe nicht lange am Leben. Aber ich könnte leicht mein Inneres mit Wasser fluten und dann meine Energiespeicher nutzen, um die Temperatur immer höher zu schrauben. Zuerst würde es sich wie ein schönes warmes Bad anfühlen, aber dann würde es heißer und heißer und heißer werden. Ich frage mich, ob du wohl rot würdest wie ein Hummer?“

Millie saß kläglich an ihren Tisch in der Cafeteria, denn sie wusste, sie war dazu verurteilt, allein zu essen. Sie klappte ein Buch mit Horrorgeschichten auf, das sie sich in der Bücherei geliehen hatte. Zumindest Bücher würden ihr immer Gesellschaft leisten.

Aber dann setzte sich Dylan ihr gegenüber und tat so, als sei absolut alles in Ordnung. „Hey", sagte er.

„Wie kannst du dich einfach so zu mir setzen?", fragte Millie. Er gab sich völlig ungezwungen, riss seine Ketchup-Tütchen auf und machte aus dem Inhalt eine kleine rote Pfütze auf seinem Teller, genau wie immer.

„Was heißt, einfach so?", meinte Dylan erstaunt. „Ich sitze hier doch jeden Tag."

„Ich denke, du willst eigentlich lieber bei Brooke sitzen", erwiderte Millie.

„Brooke hat zu einer anderen Zeit Mittagspause als ich." Unbeeindruckt tauchte er ein Chicken Nugget in die Ketchup-Pfütze und schob es sich in den Mund.

Millie spürte, wie die Wut in ihr aufstieg. „Und ich bin dann was? Deine Rückversicherung? Ihre Zweitbesetzung?"

Dylan rieb sich über das Gesicht, als sei er müde. „Tut mir leid, Millie. Ich versuche, dir zu folgen. Das versuche ich wirklich. Aber ich begreife nicht, was du meinst."

Millie wiederum begriff nicht, wie er so dämlich sein konnte.

„Dylan, ich habe dich gesehen. Mit ihr. Gestern Abend auf dem Basar."

„Ja? Und?"

Noch nie zuvor war sie so aufgebracht gewesen. „Ihr habt Händchen gehalten. Ihr seid doch zusammen."

„Ja? Und?", wiederholte er. Doch dann schien er zu begreifen. „Warte mal, Millie, hast du gedacht, dass du und ich …?"

Millie schluckte hart und ermahnte sich, bloß nicht zu weinen. „Ich bin dir aufgefallen. Du hast mir ein Buch mitgebracht. Mich zum Tee eingeladen. Natürlich hab ich geglaubt, dass da etwas sein könnte. In der Zukunft. Ein Date, meine ich."

„Wow", erwiderte Dylan. „Tut mir leid, wenn ich einen falschen Eindruck erweckt habe. Ich meine, du bist wirklich toll und wirklich hübsch, aber ich hatte nie vor, dich etwas anderes glauben zu lassen, als dass wir Freunde sind. Hast du denn niemals einen Jungen zum Freund gehabt, der nicht, du weißt schon, dein Freund war?"

Hannah war bisher Millies einzige Freundin gewesen, hatte sie aber verlassen. Diese Tatsache würde Millie Dylan allerdings unter keinen Umständen auf die Nase binden. „Natürlich habe ich das. Aber Dylan, du hast mir gesagt, ich sei der einzige coole Mensch, den du hier an der Schule kennengelernt hast."

„Das habe ich. Aber das war an meinem ersten Tag. Seither habe ich auch noch andere coole Leute getroffen."

„Wie Brooke?" Millies Stimme troff vor Sarkasmus.

„Du magst Brooke nicht?", fragte Dylan.

„Sie ist blond und schlicht", meinte Millie. Warum sollte sie sich verbiegen? Die Wahrheit war nun einmal die Wahrheit.

„Hast du schon mal mit ihr gesprochen?“, wollte Dylan wissen. „Weißt du überhaupt, wie sie ist?“

Hatte Millie Brooke schon mal etwas sagen hören? Im Unterricht war sie immer still, weil sie nichts Interessantes oder Wichtiges beizusteuern hatte, nahm Millie an. „Ich habe nie mit ihr gesprochen“, erwiderte Millie. „Ich rede nicht mit jedem.“

Dylan schüttelte den Kopf. „Brooke ist nicht *jeder*. Sie ist klug und belesen und nett. Sie will Tierärztin werden. Wieso ist es wichtig, welche Haarfarbe sie hat?“

Dylan blickte sie so fest an, dass es sich anfühlte, als würde er sie durchbohren. „Millie, ich bin enttäuscht von dir. Ausgerechnet du mit deiner schwarzen Kleidung und deinem schwarzen Lidstrich und deinem schwarzen Nagellack. Gerade du solltest es besser wissen, als einen Menschen nach seinem Äußeren zu beurteilen. Du magst es nicht, wenn Leute das bei dir tun, und doch machst du dich genau des gleichen Vergehens schuldig. Ich glaube, so was nennt man Scheinheiligkeit.“ Er stand auf. „Ich denke, dieses Gespräch ist beendet.“

Als die Weihnachtsferien näher rückten, fühlte sich Millie immer niedergeschlagener. Die Kälte und der graue Himmel und die kahlen Bäume passten perfekt zu ihrer Stimmung. Fröhliche Weihnachtsbeleuchtungen und Weihnachtsmänner aus Plastik an den Häusern machten sie nur wütend, und die Weihnachtslieder, die in Geschäften und an anderen öffentlichen Orten gespielt wurden, trugen ebenfalls dazu bei. Sie hatte das Gefühl, dass man sie nicht für ihre Taten würde verantwortlich machen können, wenn sie noch einmal „Winterwunderland“ hören müsste.

Freude über die Ferien, Friede auf Erden und Hilfsbereitschaft waren nur Lügen, die die Menschen sich einredeten. Der Winter war die Jahreszeit des Todes.

Beim Abendessen – Pfannengemüse für Millie, Hühnchen mit Pfannengemüse für ihren Großvater – sagte ihr Großvater: „Und freust du dich, dass morgen der letzte Tag vor den Winterferien ist?“

„Nicht wirklich“, erwiderte Millie. „Ich wollte dir sowieso noch sagen, dass ich in diesem Jahr kein Weihnachten feiern werde.“

Großvater fiel buchstäblich alles aus dem Gesicht. „Kein Weihnachten feiern? Aber warum denn nicht?“

Millie spießte mit ihrer Gabel ein Stück Brokkoli auf. „Ich weigere mich einfach, so zu tun, als sei ich an einem bestimmten Tag besonders glücklich, nur weil die Gesellschaft mir sagt, dass ich das tun muss.“

„Es geht nicht um die Gesellschaft. Es geht um die Familie“, entgegnete Großvater. „Es geht darum, zusammenzukommen und die Gesellschaft der anderen zu genießen. Am Heiligabend kommen deine Tante und dein Onkel und deine Cousins herüber, und deine Mutter und dein Vater schalten sich auf Skype dazu, damit sie auch dabei sein können. Wir werden schön zusammen essen und Geschenke austauschen, und dann gibt es heiße Schokolade mit Plätzchen und wir spielen Brettspiele.“

Millie wurde ganz schwindelig bei dem Gedanken an all diese falsche Fröhlichkeit. „Ich werde hier sein, weil ich nirgendwo anders hin kann, aber an diesen Feierlichkeiten beteilige ich mich nicht."

„Ist das endgültig?", erkundigte sich ihr Großvater. Er schob seinen Teller von sich. „Hör mal, Millie, du bist nie ein besonders fröhliches Kind gewesen. Der Himmel weiß, dass du eins der kompliziertesten Babys warst, das ich je gesehen habe, und als Kleinkind waren dann deine Wutausbrüche legendär. Aber ich habe das Gefühl, dass du hier bei mir jetzt ganz besonders unglücklich bist, und es tut mir aufrichtig leid. Ich bin ein alter Mann, und ich bin kein Experte darin, wie junge Mädchen sind, aber ich habe mich bemüht, alles für dich so nett zu machen, wie ich nur kann. Vielleicht wäre es besser gewesen, wenn du dich dafür entschieden hättest, mit deinen Eltern ins Ausland zu gehen. Ich weiß, es muss schwer sein, so weit weg von ihnen zu sein."

„Ich vermisse meine Eltern nicht!", rief Millie. Aber schon als sie es sagte, war sie sich nicht mehr ganz so sicher, ob das auch stimmte. Klar, sie machten sie manchmal verrückt, aber so weit entfernt von ihnen zu sein, war komisch, und auch wenn sie sonntagabends mit ihnen skypte, wog das ihre Abwesenheit im Alltag nicht auf. Da half es auch wenig, dass sie während ihrer Skype-Unterhaltung dazu neigte, schlechter Stimmung zu sein – wütend, weil sie weggezogen waren – und deswegen die Gespräche nicht immer angenehm verliefen.

„Okay, vielleicht nicht", meinte ihr Großvater. „Aber irgendetwas nagt in letzter Zeit an dir – vielleicht ein Problem in der Schule oder Streit mit einer Freundin? Ich will nicht behaupten, dass ich dir helfen kann, aber manchmal hilft es, wenn einfach mal jemand zuhört."

Gegen ihren Willen erschien plötzlich Dylan vor ihrem geistigen Auge – Dylan am ersten Tag, an dem sie ihn gesehen hatte, als sie nicht glauben konnte, dass dieser coole neue Typ, der sich überall in der Cafeteria hätte hinsetzen können, sich dafür entschied, direkt gegenüber von ihr Platz zu nehmen. Nun ja, dazu kam es nicht mehr. Jetzt saß er immer an einem Tisch mit den Jungs, die über nichts anderes sprachen als über Fantasy-Games, und Millie hatte nur ein Buch als Gesellschaft.

„Ich habe dir doch gesagt, dass ich keine Freunde habe", sagte Millie.

„Dann solltest du vielleicht versuchen, dir welche zu suchen", schlug ihr Großvater vor. „Du musst ja kein Schmetterling sein, der von einem zum anderen fliegt, aber jeder braucht einen guten Freund."

„Du hast doch keine Ahnung, was ich brauche!" Millie stand auf. „Ich mache jetzt meine Hausaufgaben." Eigentlich hatte sie keine Hausaufgaben, weil morgen der letzte Tag vor den Ferien war, aber sie hätte alles gesagt, nur um verschwinden zu können.

„Und ich gehe in meine Werkstatt", erklärte ihr Großvater. „Du bist nicht die Einzige, die aus dem Zimmer stürmen kann, weißt du, Mädchen?" Es war das erste Mal, seit sie bei ihrem Großvater eingezogen war, dass er klang, als sei er wirklich wütend auf sie.

In ihrem Zimmer klappte Millie ihren Laptop auf, rief YouTube auf und tippte „Curt Carrion Musikvideos" ein.

Dann klickte sie auf „Totenmaske“, ihren Lieblingssong. Das Video wimmelte nur so von Raben und Fledermäusen und kreisenden Geiern. Mittendrin befand sich Curt Carrion persönlich, mit Igelfrisur und blassem Teint und perfektem Lidschatten, und knurrte sich durch die morbiden Texte. Millie hatte das Gefühl, Curt Carrion könnte der einzige Mensch auf der Welt sein, der sie verstand.

Wem wollte sie etwas vormachen? Niemand konnte das.

„Bitte koch mich nicht bei lebendigem Leib“, flehte Millie. Sie musste einen Weg finden, um zu entkommen. Auf einmal war in ihr der verzweifelte Wunsch erwacht, zu leben.

„Nicht kochen? Na ja, das ist verständlich. Nach allem, was man hört, ist es eine hässliche Art zu sterben. Leute, die in der Zeit von Heinrich VIII. dem Kochen bei lebendigem Leib beigewohnt haben, sagten, es sei so ekelerregend, dass sie lieber eine Enthauptung gesehen hätten. Oh! Es gibt noch eine Möglichkeit, über die wir noch nicht gesprochen haben. Köpfen!“ Er sagte es, als sei es ein wundervolles Wort. „Es gibt natürlich viele Möglichkeiten, einen Kopf abzuschlagen, und wenn die Klinge scharf genug ist, geht es ziemlich schnell und ist schmerzlos. Wenn die Klinge allerdings nicht scharf genug ist … nun ja, die arme Maria, Königin der Schotten, musste drei Schläge von der alten, stumpfen Axt des Henkers einstecken, bevor ihre Birne von ihrem Körper befreit war. Die Guillotine allerdings war immer schnell und sauber, und der Henker brauchte keinerlei spezielle Fähigkeiten, was es leicht machte, während der Französischen Revolution all die reichen Schnösel loszuwerden. Man hat sie einfach aufgereiht und wie an einem Fließband über die Guillotine geschickt. Allerdings wurde dabei nichts zusammengebaut. Ganz im Gegenteil.“ Erneut ertönte ein Lachen. Was immer dieses Ding war, es schien ziemlich viel Spaß auf Millies Kosten zu haben. „Saudi-Arabien – wo deine Eltern sind, wenn ich mich nicht irre – benutzt die Enthauptung immer noch als bevorzugte Form der Todesstrafe. Dort nimmt man ein Schwert, was ich ziemlich stylish und dramatisch finde.“

Saudi-Arabien, dachte Millie. Ihre Eltern waren so weit weg und gar nicht in der Lage, ihr zu helfen. Und jetzt, da sie dem Tod ins Auge blickte, spürte sie auf einmal mehr Liebe für sie als jemals zuvor. Sicher waren sie komisch und sie trafen sèltsame Entscheidungen und machten dumme Fehler, aber Millie wusste, dass sie sie liebten. Sie dachte an die furchtbaren Witze ihres Vaters und daran, wie ihre Mutter ihr zur Schlafenszeit eine Geschichte nach der anderen vorgelesen hatte. Vielleicht waren ihre Eltern anders als die von anderen Kindern, aber sie hatten sich immer um ihre Grundbedürfnisse gekümmert und ihr das Gefühl gegeben, geliebt und beschützt zu werden.

Millie wollte beschützt werden.

„Millie, komm zumindest runter und sag Guten Tag!“, rief Großvater die Treppe hinauf.

Es war Heiligabend und Großvater hatte den ganzen Tag Weihnachtslieder gespielt und *Jingle Bells* und *White*

Christmas und anderes, was Millie überhaupt nicht mochte, in der Küche gesungen, während er den Schinken gebacken und die Plätzchen verziert hatte.

Nach dem Lautstärkepegel im Erdgeschoss zu urteilen, ging Millie davon aus, dass ihre Tante und ihr Onkel und ihre Cousins eingetroffen waren. Das erfüllte sie nicht gerade mit Freude. Wie auch alles andere nicht.

Widerwillig ging Millie nach unten. Sie standen alle um eine antike Glasschüssel mit Eierpunsch, die Großvater sonstwo in diesem vollgerümpelten Haus ausgegraben hatte.

Alle hatten sie Weihnachtspullover an, sogar ihre nervtötenden kleinen Cousins. Tante Sheri trug eine Abscheulichkeit mit einem Rentier darauf, dessen Nase leuchtete. Onkel Rob, der trottelige Bruder ihres Vaters, hatte einen roten Pullover mit Zuckerstangen darauf an, und Cameron und Hayden trugen einen dazu passenden Pullover mit Elfen. Es war alles so scheußlich, dass Millie fürchtete, ihre Augen würden anfangen zu bluten.

„Fröhliche Weihnachten!“, begrüßte Tante Sheri sie und breitete die Arme aus.

Millie ging nicht zu ihr. „Hallo“, sagte sie kalt.

„Willst du noch zur Beerdigung, Millie?“, fragte Onkel Rob und deutete mit einer Kopfbewegung auf ihre schwarzen und roten Sachen. Er sagte das immer zu ihr, weil er es offenbar unglaublich witzig fand.

„Würde ich gern“, erwiderte Millie. Lieber wollte sie an einem Ort echter Trauer sein als an einem, wo alle nur so taten, als seien sie glücklich. Und sie würde Orgelmusik ganz sicher bevorzugen, allein schon, weil sie dann nicht noch einmal „Winterwunderland“ hören müsste.

„Millie feiert dieses Jahr keine Weihnachten“, erklärte ihr Großvater. „Aber zumindest hat sie zugestimmt, uns mit ihrer Anwesenheit zu beglücken.“

„Wieso willst du keine Weihnachten feiern?“, fragte Hayden und blickte mit großen, unschuldigen blauen Augen zu Millie auf. „Weihnachten ist doch super.“ Er lispelte ein wenig, was man hörte, als er „super“ sagte, was so mancher wahrscheinlich niedlich fand.

„Und Geschenke sind super!“, fügte Cameron hinzu und stieß eine Faust in die Luft. Beide Kinder waren so überdreht, als hätten ihre Eltern sie mit schwarzem Kaffee abgefüllt. Millie fragte sich, ob sie irgendwann auch mal so begeistert von Weihnachten gewesen war oder ob sie es schon immer besser gewusst hatte.

„Unsere Gesellschaft ist viel zu materialistisch“, sagte Millie. „Warum wollt ihr immer noch mehr haben?“

Ihre Tante und ihr Onkel und ihre Cousins schienen sich auf einmal unbehaglich zu fühlen. Gut. Wenigstens einer der Familie musste mal die Wahrheit sagen.

Sheri zwang sich zu einem Lächeln. „Millie, möchtest du nicht wenigstens eine Tasse Eierpunsch?“

„Da könnte man auch gleich Auswurf trinken“, erwiderte Millie. Im Ernst, wie hatte so ein widerliches Getränk Teil der traditionellen Festivitäten werden können? Eierpunsch und Früchtekuchen erschienen ihr mehr als Strafe denn als Festmahl.

„Was ist Auswurf?“, fragte Hayden.

„Das ist dieser eklige Schleim in deinem Rachen und in deiner Nase, wenn du erkältet bist", erklärte Tante Sheri.

Cameron hob seine Tasse. „Lecker! Eierschnodder!", rief er, dann nahm er einen tiefen Zug, der einen weißlichen Schnurrbart auf seiner Oberlippe hinterließ.

Millie ertrug das alles einfach nicht. Sie musste dort raus. „Ich gehe ein bisschen spazieren", sagte sie.

„Können wir mitkommen?", fragte Hayden.

„Nein", antwortete Millie. „Ich muss mal alleine sein."

„Dann geh nicht zu weit", sagte ihr Großvater. „In einer Stunde gibt es Essen."

Als Millie das Haus verließ, rief ihr Großvater ihr nach, dass sie ihren Mantel nicht vergessen solle, aber sie ignorierte ihn.

Vor allen anderen Häusern in der Nachbarschaft standen zusätzliche Autos, ohne Zweifel, weil Familien gemeinsam feierten. All diese Leute taten dasselbe. Bei ihnen gab es Geschenke und Eierpunsch und Scheinheiligkeit. Aber Millie war anders, und sie würde nicht daran teilnehmen.

Scheinheiligkeit, dachte sie wieder, und dieses Mal versetzte ihr das Wort einen schmerzhaften Stich. Dylan hatte gesagt, sie sei scheinheilig, weil sie Brooke nach ihrem Äußeren beurteilt hatte. Aber Jungs – sogar Jungs, die cool zu sein schienen wie Dylan – ließen sich von Äußerlichkeiten täuschen. Wenn ein hübsches blondes Mädchen ihnen auch nur die geringste Aufmerksamkeit schenkte, glaubten sie, dieses Mädchen sei Heilige und Genie in einer Person. Millie war ganz bestimmt nicht scheinheilig. Sie sagte nur die Wahrheit, und wenn einige Leute nicht mit der Wahrheit umgehen konnten, war das deren Problem.

Nach einer Runde um den Block war ihr ziemlich kalt, aber auf keinen Fall würde sie jetzt schon ins Haus zurückkehren.

Sie hatte eine Idee. In Großvaters Werkstatt gab es einen kleinen Heizofen, den er immer laufen ließ. Er würde sie wärmen können, während sie die Weihnachtsfeier schwänzte. Ihr Großvater war viel zu sehr mit seiner lahmen Feier beschäftigt, als dass er in die Werkstatt gehen würde. Es war ein perfekter Platz, um sich zu verstecken.

Den Schlüssel bewahrte Großvater unter einem Blumentopf neben der Werkstatttür auf. Millie fand ihn, schloss die Tür auf und schaltete die nackte Glühbirne ein, die den kleinen fensterlosen Raum erleuchtete. Sie schloss die Tür hinter sich und blickte sich um.

Seit dem letzten Mal, als sie hier gewesen war, war noch mehr Gerümpel dazugekommen. Offensichtlich war Großvater auf einigen Flohmärkten und Schrottplätzen gewesen. Neben seiner Werkbank stand ein rostiges antikes Fahrrad, eins von denen mit einem riesigen Vorderrad und einem winzigen Hinterrad. Es gab auch jede Menge alter mechanischer Spielzeuge – eine Spardose mit einem Clown, der sie mit Münzen fütterte, einen Springteufel, der Millie erschreckte, als die Puppe darin heraussprang, obgleich sie wusste, was passieren würde, als sie an der Kurbel drehte. Und da war sogar einer von diesen fürchterlichen grinsenden Affen, der zwei Becken aneinander schlug.

Was wollte Großvater mit all diesem Zeug? *Wahrscheinlich reparieren und dann das Haus damit noch weiter vollstopfen*, vermutete sie.

Das seltsamste Teil saß allerdings in einer Ecke der Werkstatt. Es war eine Art mechanischer Bär mit einer Fliege, einem Hut und einem furchterregenden Grinsen. Er sah aus, als sei er einmal weiß und pink gewesen, aber in vielen Jahren der Vernachlässigung war er allmählich schmuddelig und grau geworden. Er war groß – groß genug, dass ein Mensch in sein Inneres kriechen konnte, wie in diesen Science-Fiction-Filmen, wo Leute riesige Roboter „fuhren".

Die Scharniere an seinen Körperteilen deuteten darauf hin, dass er sich bewegen konnte. Wahrscheinlich war es eine Figur aus einer dieser alten Attraktionen für Kinder, in denen unheimliche animatronische Tiere ausgestellt wurden. Warum mochten kleine Kinder so etwas gern, obwohl es Albträume auslösen konnte?

Von außerhalb der Werkstatt hörte Millie Gelächter und Rufe. Hayden und Cameron spielten im Garten. Sie hatte nicht daran gedacht, die Werkstatttür von innen zu verriegeln. Was, wenn sie versuchen würden, hereinzukommen?

Sie wollte nicht, dass man sie fand. Die beiden würden nur zu den Erwachsenen laufen, und dann würde man sie zurück ins Haus zerren und zum Feiern verdammen.

Millie merkte, dass sie den alten animatronischen Bären anstarrte, nicht nur aus Neugier, sondern auch, weil er vielleicht eine Lösung für ihr Problem darstellte.

Sie öffnete die Klappe, die ins Innere des Bären führte, kletterte hindurch und schloss sie hinter sich. Dunkelheit hüllte sie ein. Das war so viel besser als diese nervtötenden blinkenden Lichter und aufdringlichen Weihnachtspullover.

Es war perfekt. Hier würde niemand sie finden. Sie konnte zum Haus zurückgehen, sobald sie gehört hatte, wie Onkel Rob und Tante Sheri davonfuhren. Und wenn sie das Skype-Telefonat mit ihren Eltern verpasste? Das geschah ihnen nur recht. Warum waren sie an Weihnachten so weit weg?

„Kinder, es ist Zeit fürs Weihnachtsessen!“, rief ihr Großvater aus der Hintertür. „Millie, komm auch rein, wenn du mich hören kannst.“

Cameron und Hayden kamen mit von der kalten Luft glühenden Wangen ins Haus gelaufen.

„Hier riecht es toll“, fand Cameron.

„Das kommt daher, dass ich euch ein Festmahl gekocht habe“, erklärte ihr Großvater. „Gekochter Schinken und Süßkartoffeln und Brötchen und den Eintopf von eurer Mutter mit grünen Bohnen. Ihr beide habt nicht zufällig Millie gesehen, als ihr draußen wart?“

„Nein, haben wir nicht“, erwiderte Hayden.“ Großvater, warum ist sie so komisch?“

Ihr Großvater lachte. „Sie ist vierzehn. Wenn ihr vierzehn seid, seid ihr auch komisch. Jetzt wascht euch die Hände, bevor wir uns zum Essen hinsetzen.“

Am Tisch schnitt Großvater den wundervollen großen Schinken in dicke Scheiben. „Ich habe ihn mit Cola glasiert“, sagte er. „Das Rezept habe ich im Internet gefunden.

Ich suche oft Rezepte heraus, seit Millie zu mir gezogen ist. Die meisten sind vegetarisch, damit sie mir nicht verhungert. Ich habe diesen komischen falschen Truthahnbraten für sie gekauft. Wenn sie zurückkommt, kann sie ihn zusammen mit grünen Bohnen und süßen Kartoffeln essen."

„Ich habe immer noch das Gefühl, dass wir rausgehen und sie suchen sollten", sagte Sheri.

„Ach, sie taucht schon auf, wenn sie Hunger bekommt oder wenn sie das Gefühl hat, ihre Meinung deutlich gemacht zu haben", erwiderte ihr Großvater. „Ihre Katze und sie unterscheiden sich nicht sonderlich. Sie ist einfach nur in einem schwierigen Alter. Wo wir gerade von Hunger sprechen, wer möchte etwas Schinken?"

„Ich habe kein Schwert wie ein saudi-arabischer Henker, dumme Millie", sagte die Stimme, „aber ich habe eine scharfe Metallplatte, die ich durch mein Inneres fahren lassen könnte. Ungefähr auf der Höhe deines Halses. Vielleicht trifft sie dich aber auch tiefer und halbiert dich. Und Halbierung wäre auch noch eine sichere Möglichkeit. In beiden Fällen wäre die Aufgabe erledigt! Ich denke, es würde sehr gut funktionieren, wie bei einer Guillotine, und kein wildes Herumgehacke geben, wie es Maria, die Königin der Schotten, erleben musste, aber hundertprozentig sicher bin ich mir nicht. Es wäre meine erste Enthauptung. Und deine auch, aber es wird auch deine letzte sein!"

Während die Stimme über ihre letzte Witzelei lachte, drückte Millie gegen die Wände der Kammer, in die sie eingesperrt war. Sie wichen keinen Millimeter. Doch dann sah sie einen ganz schmalen Spalt neben der Klappe, durch den Licht hereinfiel. Wenn sie irgendetwas in den Spalt schob – eine Art Werkzeug – konnte sie die Klappe vielleicht aufstemmen. Aber was konnte sie als Werkzeug benutzen?

In Gedanken ging sie ihren Schmuck durch. Ihre Ohrringe waren zu schmal und zu zerbrechlich, und ihre Kette bestand nur aus Perlen. Aber da war noch der silberne Armreif. Sie zog ihn ab und drückte ihn auseinander, bis er fast so gerade war wie ein Lineal. Ein Ende schien genau die richtige Größe zu haben, um in den Spalt zu passen. Aber sie hatte zu viel Angst, um es auszuprobieren, machte sich zu viele Sorgen, dass ihr Kidnapper es bemerken würde.

„Millie?“, meldete sich erneut die Stimme. „Bist du noch da? Wir müssen eine Entscheidung treffen.“

Millie überlegte. Wenn sie den Kopf einzog und sich zusammenrollte, wenn die Klinge durch den Innenraum schoss, würde sie sie verfehlen. Aber sie musste schnell sein und aufpassen, dass sie den Kopf vollständig aus dem Weg nahm, sonst würde sie skalpiert. Wenn die Metallplatte tiefer auf sie zufuhr, um sie zu halbieren, musste sie sich flach auf den Boden drücken. „Es besteht nicht zufällig die Chance, dass du mich einfach gehen lässt?“, fragte sie. „Gibt es irgendetwas, das ich dir für mein Leben geben könnte?“

„Lämmchen, es gibt nichts, was ich von dir haben will, außer dein Leben.“

Millie holte tief Luft. „Okay. Dann bin ich für Köpfen.“

„Wirklich?“ Die Stimme klang ungeheuer erfreut. „Eine

gute Wahl. Das ist ein Klassiker. Ich verspreche dir, du wirst nicht enttäuscht sein.“ Wieder ertönte das dröhnende Lachen. „Du wirst nicht enttäuscht sein, weil du dann tot bist!“

Millie spürte, wie ihr noch mehr Tränen in die Augen schossen. Sie musste stark sein. Aber man konnte auch weinen, und trotzdem stark sein. „Sag mir, wann du es tun wirst, okay? Überfall mich nicht einfach.“

„Das ist nur fair, denke ich. Du läufst ja nicht weg. Gib mir ein paar Minuten, um alles vorzubereiten. Du weißt ja, was man sagt: ‚Gute Vorbereitung verhindert ein schlechtes Ergebnis.‘“

Der ganze Innenraum bebte und klapperte auf einmal. Dann wurde alles still.

Millie wartete mit klopfendem Herzen. Warum hatte sie sich nur jemals den Tod gewünscht? Egal, wie hart das Leben sein mochte, wie deprimierend oder enttäuschend, sie wollte leben. Nicht zuletzt wollte sie die Chance bekommen, sich bei Dylan dafür zu entschuldigen, was sie über Brooke gesagt hatte und fragen, ob sie wieder Freunde sein könnten.

Sie rollte sich so klein zusammen, wie sie nur konnte und hoffte von ganzem Herzen – so sehr, wie sie es noch nie getan hatte –, dass sie sich weit genug hinunter geduckt hatte, damit die Klinge sie verfehlte.

„Millicent Fitzsimmons, hiermit wirst du zum Tode verurteilt wegen menschlicher Verbrechen.“

„Warte“, rief Millie. „Was soll das bedeuten – menschliche Verbrechen?“

„Du“, dröhnte die Stimme, „bist grob gewesen und immer schnell wütend. Du hast andere verurteilt. Du warst jenen gegenüber, die dir nur Liebe und Freundlichkeit entgegengebracht haben, nicht ausreichend dankbar."

Die Stimme hatte recht. Wie ein Film liefen Szenen vor ihrem geistigen Auge ab, in denen sie unfreundlich und undankbar gewesen war. „Schuldig im Sinne der Anklage", sagte Millie. „Aber warum sind das Taten, für die ich es verdiene zu sterben? Es sind Taten, derer sich von Zeit zu Zeit jeder einmal schuldig macht."

„Das stimmt", antwortete die Stimme. „Deswegen sind es auch menschliche Verbrechen."

„Aber wenn alle Menschen sie begehen, warum muss dann *ich* dafür sterben?" Die Stimme antwortete nicht, und Millie spürte einen Funken Hoffnung in sich aufsteigen. Vielleicht musste sie gar nicht alles auf eine Karte setzen, indem sie sich am Boden des Hohlraums zusammenkauerte. Vielleicht gab es noch einen anderen Ausweg.

„Weil", sagte die Stimme, „du diejenige bist, die in meinen Bauch gekrabbelt ist."

Wimmernd machte sich Millie so klein wie möglich. Sollte sie überleben, würde sie darauf achten, dass sie netter zu Großvater war. Er war wirklich gut zu ihr gewesen, hatte sie aufgenommen, ihre Launen ertragen und sich beigebracht, all diese vegetarischen Gerichte zu kochen.

„Im Geiste der Französischen Revolution", verkündete die Stimme, „werde ich jetzt auf Französisch zählen, bevor ich die Klinge auslöse! *Un, deux, TROIS!*"

Schnell wie ein Schuss schnitt die Klinge durch den Hohlraum.

Millies Großvater brachte eine Platte mit Zuckerplätzchen mit und stellte sie auf den Couchtisch. „Ich komme gleich mit der heißen Schokolade“, sagte er. Wieder in der Küche, konnte er nicht mehr an sich halten und rief Millies Handynummer an. Das Telefon klingelte in der Tasche ihrer Jacke, die im Flur an der Garderobe hing.

Na gut. Sie würde zurückkommen, wenn sie das Gefühl hatte, ihre Position deutlich gemacht zu haben. Es gefiel ihm nicht, dass sie ohne Jacke draußen herumlief. Es war ziemlich kalt.

Ihr Großvater füllte drei Tassen mit heißer Schokolade und gab jeweils eine gute Handvoll Minimarshmallows darauf. Auf einem Tablett trug er die dampfenden Tassen ins Wohnzimmer. „Wer hat Lust auf Geschenke?“, rief er.

„Ich!“, rief Cameron.

„Ich!“, rief Hayden noch lauter.

„Meint ihr, wir sollten auf Millie warten?“, fragte Sheri.

„Vergiss nicht, sie feiert kein Weihnachten“, erwiderte Rob. „Warum sollten wir auf sie warten, wenn sie so ein Balg sein will.“

Es gefiel Großvater nicht, dass Millie als Balg bezeichnet wurde. Sie war kein schlechtes Mädchen. Sie war nur in einem schwierigen Alter. Das würde sich schon noch bessern. Er hockte sich unter den Weihnachtsbaum und legte alle ihre Geschenke zusammen, damit sie auf sie warteten, wenn sie zurückkam.

ÜBER DIE AUTOREN

Scott Cawthon ist der Autor der Bestseller-Computer-spielreihe *Five Nights at Freddy's* und, obwohl Game-Designer von Beruf, ist er im Herzen vor allem Geschichten-erzähler. Er hat am The Art Institute of Houston studiert und lebt mit seiner Frau und vier Söhnen in Texas.

Elley Cooper schreibt Romane für Jungendliche und Erwachsene. Horror hat sie schon immer geliebt und ist Scott Cawthon dankbar, dass sie Zeit in seinem dunklen und schrägen Universum verbringen durfte. Elley lebt mit ihrer Familie und vielen verwöhnten Haustieren in Tennessee und schreibt oft Bücher zusammen mit Kevin Anderson & Associates.

LESEPROBE

Den Fuß auf eine aufgezogene Schublade gestützt, lehnte sich Detective Larson in seinem hölzernen Schreibtischstuhl zurück. Das typische Ächzen erschien ohne den Lärm, der tagsüber im Büro herrschte, ungewöhnlich laut. Das Großraumbüro war mit zwölf Schreibtischen vollgestellt, mit der doppelten Anzahl an Stühlen, der dreifachen Anzahl an Computern und Monitoren und Druckern, ein paar vereinzelten Regalen und Aktenschränken und Arbeitstischen und einer einsamen störanfälligen Kaffeemaschine in der Ecke. Die Maschine spuckte miserablen Kaffee aus, aber sie gab ein melodiöses Zischen von sich, dass laut einiger Detectives wie der *Walkürenritt* klang. Gerade näherte sie sich wieder einem kreischenden Crescendo.

Larson schüttelte den Kopf. Erst wenn niemand mehr da war, wie an diesem Montagabend, fiel ihm auf, wie deprimierend das alles war. Er hätte auch schon fort sein sollen, aber er hatte es nicht eilig, in seine leere Wohnung zurückzukehren. Seit seine Frau Angela ihn verlassen und die Scheidung eingereicht hatte und alles daran setzte, dass er ihren gemeinsamen sieben Jahre alten Sohn Ryan so wenig wie möglich sah, wusste Larson einfach nicht, was er zu Hause sollte. Denn dieses Zuhause war kein Zuhause. Es war eine Dreizimmerwohnung ohne Fahrstuhl, die, wie Brian meinte, nach Gewürzgurken roch und „den hässlichsten Teppich aller Zeiten“ hatte.

Er hatte sich vorgenommen, einfach länger zu bleiben und ausstehende Berichte zu schreiben, aber er saß einfach nur da und tat sich selbst leid.

War er wirklich ein so fürchterlicher Vater, wie Angela es ihm vorwarf? Sicher, der Job hinderte ihn oft daran, zu Ryans Spielen oder Schulveranstaltungen zu kommen. Ja, er hatte eine Menge Versprechen gebrochen, die er seinem Sohn gegeben hatte.

„Ich bin rechtzeitig zu Hause, um noch mit dir zu trainieren, Ryan“, wurde zu „Tut mir leid. Ich habe einen neuen Fall bekommen“.

„An diesem Wochenende fahren wir zusammen zelten“, wurde zu „Tut mir leid. Der Chief hat mich zum Dienst gerufen“.

„Er ist unser *Sohn*, Everett“, hatte Angela immer zu ihm gesagt, bevor sie gegangen war. „Er sollte der Grund sein, warum du lebst, nicht etwas, worum du dich irgendwann auch noch mal kümmerst.“

Angela verstand es einfach nicht. Er liebte seinen Sohn natürlich, aber sein Job war nicht einfach nur ein Job.

Ja, er tat sich selbst leid. Und ja, er hätte seine Zeit sinnvoller nutzen können.

Larson verlagerte sein Gewicht und versuchte die nie wirklich zu erreichende bequemste Position auf seinem Schreibtischstuhl zu finden.

Er ließ seinen Blick durch das Büro schweifen, wo er in den letzten fünf Jahren zwei Drittel seines Lebens verbracht hatte. Es war wirklich ein trostloser Raum. Schäbige beigefarbene Wände, flackernde Neonröhren, abgewetzter grauer Linoleumboden, alle Möbel in ständiger Unordnung zusammengewürfelt … *Waren Detectives so minderwertige Individuen, dass sie eine derartige Umgebung verdient hatten, oder waren sie einfach so beschäftigt, um irgendetwas daran zu ändern?*

Larson lenkte seinen Blick zu der Reihe von schmalen Fenstern, die sich an einer Wand des Raums entlangzogen, wo er einen Efeutrieb bemerkte, der durch einen Spalt zwischen dem Fensterrahmen und einer schmutzigen Scheibe, die das kränkliche Gelb einer Straßenlaterne hereinließ, hereinwuchs.

„Da ist ja mein Lieblingsidiot."

Larson unterdrückte ein Stöhnen. Das hatte er nun davon, dass er nicht nach Hause gegangen war.

„Chief", sagte er.

Chief Monahan schlängelte sich zwischen den leeren Schreibtischen hindurch und runzelte die Nase, als er an Detective Powells persönlicher Müllhalde vorbeikam. „Was ist das für ein Gestank?" Der Chief betrachtete die aufgetürmten Haufen aus Papier und leeren Fast-Food-Schachteln.

„Ich weiß es nicht, und *will* es auch nicht wissen." Wo

Larson saß, roch das Büro nach Desinfektionsmittel. Sein Partner Detective Roberts, dessen Schreibtisch gegenüber von Larsons penibel aufgeräumtem Reich stand, versprühte das Zeug unaufhörlich, um zu übertünchen, was auch immer in Powells Schreibtisch gestorben war.

Der Chief stellte einen Fuß auf den zweiten Stuhl, der neben Larsons Schreibtisch stand. Er hielt ihm einen Umschlag hin. Larson musterte ihn. Er hatte die starke Vermutung, dass ihm der Inhalt nicht gefallen würde, deswegen machte er keinerlei Anstalten, ihn entgegenzunehmen.

Der Chief warf den Umschlag auf Larsons verschmierte grüne Schreibtischunterlage. Er landete direkt neben der Reihe frisch angespitzter Bleistifte, die Larson für die abendliche Fronarbeit bereitgelegt hatte.

„Der Flickengeist“, sagte der Chief. „Niemand sonst will ihn.“

„Ich will ihn auch nicht.“

„Pech.“ Und genauso klang das Wort, wenn der Chief es sagte. Er war ein gedrungener, früh ergrauter Mann, der schon zu Beginn seiner beruflichen Laufbahn deutlich gemacht hatte, dass seine Größe und seine Haarfarbe nichts damit zu tun hatten, dass er sich durchsetzen konnte. Er war nicht groß, aber er konnte alles, was ein großer Mann konnte. Und er klang wie ein großer Mann, mit seiner lauten, rauen Stimme, mit der man nicht gern stritt, wenn man nicht unbedingt musste.

Larson musste. Er wollte gar nicht sehen, was sich in dem Umschlag befand. „Der Flickengeist ist eine Stadtlegende“, protestierte Larson, ohne den Umschlag auch nur zu berühren, der wie eine große Nacktschnecke in der Nähe seines Fußes lag.

„Nicht mehr. Haben Sie das Neueste noch nicht gehört?“ Chief Monahan war definitiv nicht offen für Gegenargumente.

Larson seufzte. Wie konnte er es auch nicht gehört haben? Es kam ja überall in den Nachrichten, und die Öffentlichkeit verlangte Antworten.

Ein junges Mädchen aus der Gegend, Sarah irgendwas, war vor einer Woche verschwunden, und die Detectives, die man auf den Fall angesetzt hatte – nicht Larson, der sich auch über kleine Geschenke freute –, bekamen es mit ein paar Dutzend Augenzeugen zu tun, die behaupteten, dass sich das Mädchen direkt vor ihren Augen in einen Schrotthaufen verwandelt habe.

Zugegebenermaßen waren die Augenzeugen Schüler, nicht immer die besten Quellen, wenn es um die reine Wahrheit ging, aber in diesem Fall klangen ihre Aussagen sehr authentisch, trotz ihres haarsträubenden Inhalts.

„Ich habe es gehört“, gab Larson zu.

„Für mich ist das nicht Fisch oder Fleisch. Aber heute Morgen haben wir die meisten der Zeugen zum Psychologen geschickt. Der hat bestätigt, dass die Zeugen glauben, was sie sagen. Das Gleiche gilt für die Leute, die den Flickengeist gesehen haben.“

Larson verdrehte die Augen, dann sagte er mit tiefer Stimme: „‚Eine seltsame, verhüllte Gestalt, die durch die Straßen wandelt.‘“ Er kehrte wieder zu seiner normalen unauffälligen Stimme zurück. „Bin ich eingeschlafen und in einem Horrorfilm wieder aufgewacht?“

Der Chief schnaubte und deutete mit seinem eckigen Kinn auf den Umschlag. „Den besten Teil haben Sie noch nicht gehört. Machen Sie ihn auf.“

Larson holte einmal tief Luft und stellte seinen Fuß auf den Boden. Er kippte seinen Stuhl nach vorne. Wieder ertönte das Ächzen, diesmal lauter, als habe es auch kein Interesse an dem Flickengeist und wolle seine eigene Meinung zum Ausdruck bringen. Larson griff nach dem Umschlag. Dann zog er einen zentimeterdicken Stapel Papier heraus und blätterte dann mehrere Zeugenaussagen durch. Wie die Aussagen der Schüler klangen alle Aussagen gleich, wobei sie alle genug Einzelheiten enthielten, um die Möglichkeit eines Scherzes eher unwahrscheinlich zu machen. Der Flickengeist, sagten Zeugen, sei eine in einer Art Umhang gehüllte Gestalt, ein Cape oder ein Kapuzenmantel. Er bewege sich taumelnd vorwärts und interessiere sich für niemanden, solange man ihn nicht belästige. Und er sei besessen von Müllcontainern. Meistens wurde er dabei beobachtet, wie er Müllsäcke unbekannten Inhalts mit sich herumschleppte. Er hatte das alles schon mal gehört. Doch er und die meisten seiner Kollegen hatten es als Schwachsinn abgetan.

Larson legte die Zeugenaussagen beiseite und blätterte die nächsten Dokumente aus dem Umschlag durch. Es waren Berichte über ungeklärte Todesfälle.

Während er las, ließ Larson sich nichts anmerken, er war froh, dass der Chief die Schauder des Schreckens nicht sehen konnte, die ihn überliefen. Er hatte das Gefühl, die Berichte würden einen Stein in den Teich seines Lebens werfen, und nun bewegten sich kleine Wellen unaufhaltsam in Richtung einer Zukunft, die ihm nicht gefallen würde.

Larson blätterte den ganzen Stapel durch. „Fünf? Fünf vertrocknete Leichen, die …", er senkte den Blick und las aus dem obersten Bericht vor, „… ‚schwarz aus den Augen bluteten'. Noch mehr davon?" Ein solcher Tod war für Larson leider nichts Neues, aber bisher hatte er nur von einem Opfer gewusst. Und er hatte auch keine Ahnung, ob das irgendetwas mit dem Flickengeist zu tun gehabt hatte.

Chief Monahan zuckte die Achseln.

Larson las noch einmal genauer. Zwei der toten Männer, die aufgefunden worden waren, hatten eine beeindruckende kriminelle Vergangenheit. Einen der beiden erkannte Larson – er hatte ihn vor ein paar Jahren wegen Körperverletzung festgenommen. Er suchte die beiden Berichte heraus und deutete darauf. „Ich wette, diese beiden haben versucht, den Kerl abzuziehen."

Der Chief, der sich inzwischen auf Larsons Besucherstuhl niedergelassen hatte, nickte. „Da stimme ich Ihnen zu." Er beugte sich vor und zeigte auf einen Stapel Fotos, die Larson sich noch nicht angesehen hatte. „Gehen Sie die mal durch."

Larson betrachtete die Bilder, die von einer Videokamera in der Nähe der Sichtungen des Flickengeistes gemacht worden waren. Bei einem, auf dem eine Gestalt den Torso einer Schaufensterpuppe aus einem Abfallcontainer zu zerren schien, kniff er die Augen zusammen. „Was zum Teufel macht der da?“

Der Chief antwortete nicht.

Larson blätterte die Fotos weiter durch. Erneut hielt er inne. Unter der Kapuze eines langen Mantels spähte ein massiges weißes Gesicht heraus in die Nacht. Larson versteifte sich, damit er nicht zurückzuckte. Am liebsten hätte er die Bilder fallen lassen und sich so weit wie möglich von seinem Schreibtisch entfernt. Aber er tat es nicht. Er starrte nur auf die seltsame Visage und konzentrierte sich darauf, normal zu atmen. Er würde es nicht zulassen, dass ihn dieser Wahnsinn erschütterte, schon gar nicht vor seinem Chief.

Das Gesicht war kein Gesicht, jedenfalls kein *menschliches*. Es sei denn, es war ein verletztes menschliches Gesicht, das bandagiert worden war. Es wirkte mehr wie eine Maske. Das Gesicht war rund, und seine Züge waren auf die weiße Oberfläche aufgemalt. Mit einem schwarzen Filzstift gezogen wirkten sie, als habe ein Kind sie gemalt.

Larson entspannte bewusst seine Schultern, die, wie er bemerkt hatte, sich langsam seinen Ohren genähert hatten. *Es ist nur eine blöde Maske*, sagte er sich.

Larson blickte zu Chief Monahan. „Eine Maske?“

„Ich vermute dasselbe.“

Larson blickte wieder auf das Gesicht. Es hatte dunkle Augen, wobei das eine davon schwarz wirkte. Und es hatte einen schrecklichen Mund mit einem fehlenden Zahn, und irgendetwas steckte zwischen den restlichen Frontzähnen. Waren das Blutflecken um den Mund?

„Und wir haben einen Treffer." Der Chief presste seine dünnen Lippen aufeinander, was bei ihm ein Lächeln bedeutete. Er liebte es, Bomben platzen zu lassen.

„Einen Treffer auf was? *Hierauf?*" Larson deutete auf das verschwommene und bizarre Gesicht.

Der Chief nickte. „Und sie werden nicht glauben, von wem wir den Hinweis bekommen haben."

STAR WARS

DIE MACHT IST STARK IN DIESEN BÜCHERN ...

NEUER LESESTOFF AUS EINER WEIT, WEIT ENTFERNTEN GALAXIS!

STAR WARS: DAS BUCH VON BOBA FETT

Der offizielle Jugendroman zur Disney+ Serie und Ableger von *The Mandalorian*

14 €, Roman,
ISBN 978-3-8332-4339-4

STAR WARS: DIE HOHE REPUBLIK - DER PFAD DER TÄUSCHUNG

Die Jedi-Ritter der Hohen Republik sehen sich als Hüter von Freiheit und Frieden in der Galaxis mit unerwarteten Bedrohungen konfrontiert.

17 €, Roman,
ISBN 978-3-8332-4254-0

STAR WARS: DIE HOHE REPUBLIK - DIE SUCHE NACH DER VERBORGENEN STADT

Jedi-Ritterin Silandra Sho und ihre Schülerin Rooper Nitani werden ausgesandt, um vermisste Teammitglieder zu finden.

15 €, Roman,
ISBN 978-3-8332-4253-3

STAR WARS: HUNTERS - KAMPF UM DIE ARENA

Der offizielle Jugendroman zum kommenden actiongeladenen Videogame

14 €, Roman,
ISBN 978-3-8332-4340-0

STAR WARS: DARTH VADER - JAGD AUF CRIMSON DAWN

Der Dunkle Lord der Sith gegen Lady Qi'ra und ihr kriminelles Syndikat Crimson Dawn

15 €, Comicband,
ISBN 978-3-7416-3344-7

STAR WARS: THE MANDALORIAN - STAFFEL 2

Die offizielle Junior Graphic Novel zu Staffel 2 der Disney+ Serie The Mandalorian

13 €, Comicband,
ISBN 978-3-7416-3343-0

JETZT NEU IM BUCHHANDEL

www.paninibooks.de